Baoren Baoguo
Fan Yijin
Nanfang Baoye Shezhang Zongbianji
Koushushi

采访人：曹 轲　罗永新　吴自力　郑晓琳
视频录制/编辑：郭智军　董梓浩　郑晓琳

范以锦
南方报业社长总编辑
口述史

第三辑

曹轲 罗永新 吴自力 郑晓琳 编著

南方日报出版社
NANFANG DAILY PRESS
中国·广州

图书在版编目（CIP）数据

报人报国·范以锦：南方报业社长总编辑口述史. 第 3 辑 / 曹轲等编著. —— 广州：南方日报出版社，2019.10
ISBN 978-7-5491-2072-7

Ⅰ.①报… Ⅱ.①曹… Ⅲ.①报社－新闻事业史－广州 Ⅳ.①G219.246.51

中国版本图书馆 CIP 数据核字（2019）第 216956 号

BAOREN BAOGUO FAN YIJIN:NANFANG BAOYE SHEZHANG ZONGBIANJI KOUSHUSHI (DI-SAN JI)

报人报国·范以锦：南方报业社长总编辑口述史（第三辑）

编　　著：	曹　轲　罗永新　吴自力　郑晓琳
出版发行：	南方日报出版社
地　　址：	广州市广州大道中 289 号
出 版 人：	周山丹
责任编辑：	刘志一　郭海珊
责任技编：	王　兰
责任校对：	阮昌汉　肖　颖
装帧设计：	劳华义
经　　销：	全国新华书店
印　　刷：	广州市尚铭印刷有限公司
开　　本：	710mm×1000mm　1/16
印　　张：	11.75
字　　数：	131 千字
版　　次：	2019 年 10 月第 1 版
印　　次：	2019 年 10 月第 1 次印刷
定　　价：	38.00 元

投稿热线：（020）87360640　　　读者热线：（020）87363865

发现印装质量问题，影响阅读，请与承印厂联系调换。

1974年2月,范以锦与妻子温海明新婚时的合影

2014年6月,范以锦与出生3个月的孙女范舸晗亲昵场景

范以锦与员工欢庆新千年的到来

2004年南方日报55周年社庆时，范以锦与广东省老领导任仲夷、吴南生、林若在一起

"再来一位提问!" 2013年,范以锦在报业论坛上与听众互动

序言　抢救历史，挽救新闻

曹　轲

　　介于新闻传播与历史传播之间的报人口述史，是在抢救历史还是挽救新闻？亲历者的口述史实，如何与当时的语境与报道交互印证？共时历史与平行历史的交织，如何打捞与修复、平衡与制衡？旧闻史、口述史、专业史、民间史，其间有什么样的微妙区别？随着《南方报业社长总编辑口述史》第三辑《报人报国·范以锦》的出版，终于从缠绕近8年的口述史中解脱出来，摆脱历史与新闻的无尽纠缠。也许这里面有太多的偶然和随意，也许没有报出来的新闻就不是新闻，没有写出来的历史就不是历史，没有讲出来的故事就不是故事。

一、口述史：平行历史的平衡与制衡

　　2011年酝酿动议，2012年立项，2015年出版第一辑，2017年出版第二辑，这第三辑出版已经是2019年，无意间赶上了《南方日报》创刊70周年，有心做成献礼之作、致敬之举。记得当初第一辑口述史出版，很多同事觉得有意思、有意义，但想着很快就可以出齐三册，所以没有公开销售，只分送了南方报业的领导和部分员工。其中问一位同事为什么说有意思，他的回答竟然是："那时候的领导讲话这么随意呀。"可能在他的印象中，领导讲话都是一板一眼、五条八条、长篇大论。但他无意中道出了口述史的特点：个性化、口语化。

　　对口述史的关注纯粹来自个人的好奇心，属于新闻情结与历史情结的纠结、新闻传播与历史传播的纠缠。我在南方日报读者来信部从事批评报道时，了解到前辈们的各种神勇事迹和一个个重磅批评报道的台前幕后，就想采访整理一本南方日报批评报道史，却因为岗位变化而搁置下来。后来因为喜欢新闻研究，长时期分管集团新闻研究所、主编《南方传媒研究》，对南方日报社史有了更多的了解，30年、40年、50年、60年时集团编修的各种图文并茂的社史文集、图集都看了，总觉得意犹未尽，编年史多为片断，说事多，见人少。再后来考上暨南大学博士生，师从老社长范以锦，讨论到论文开题报告的方向，许多老师劝我写写报业转型或者南方都市报内部运作，想了一下觉得这些实务写起来虽然更得心应手，但学术价值似乎不大，而且行业变化太快，估计还没有写完就过时了。最后还是固执地选择了台湾媒体研究，阅读了台湾"中央研究院"近代史研究所的不少口述史系列，印象深刻。2011年离开南都报系责任人岗位，升任南方网总编辑，位置看似高了，属于自己的自由时间反而多了。和《南方传媒研究》两位同事罗永新、吴自力商量后，决定向报社申请立项，启动编撰"南方报业社长总编辑口述史"，特别是趁《南方日报》创刊的两位老人曾彦修、杨奇都还健在，必须抓紧抢救这段历史。

　　自己觉得有意思仍不够，还需要讲出做这件事的意义。《南方报业社长总编辑口述史》第一、二辑的序里都引用了这段话："我们认为,《南方报业社长总编辑口述史》意义有三:一是历史学价值。南方报业的历史,就是广东的发展史,也是中国发展的一面镜子;以小见大,以一隅窥天下风云,南方报业社长总编辑口述史有着极高的史料价值。二是新闻学价值。南方报业六十多年弦歌不辍,历史和现实都已经充分证明其在中国新闻史上的独特地位;云山珠水,岭海领潮,南方报业历届掌舵人的口述史不仅是时代的见证,更是新中国新闻发展的缩影。三是社会学价值。社会风云变幻,南方报业始终站在时代潮头,哪怕是一点一滴的进步,背后被撑开的都可能是重逾千钧的压力。时代如何破冰前行,作为新闻的亲历者和新闻事件的见证人,南方报业社长总编辑口述史无疑提供了一个极佳的视角。"

这是对外宣示的理由,对内的立项理由则是:改革开放以来,南方报业以《南方日报》为母体,不断发展,并衍生出《南方农村报》《南方周末》《南方都市报》《21世纪经济报道》等报刊,并入了南方网、《南方》杂志,从一棵树到一片林,从一家报社变成一个报业集团,逐渐成长为一家国内领先乃至在国际上有一定知名度的传媒集团。为传承南方报业发展基因、弘扬南方报业历史文化,《南方报业社长总编辑口述史》旨在通过对离退休南方报业社长总编辑的访谈,记录他们任南方报业领导时的经历和事迹,努力再现南方报业一甲子多的峥嵘岁月,留下南方报业、广东报业乃至中国报业发展一份难得的实录。同时,该项目的开展也将有利于南方报业继承优秀文化传统、发挥改革创新精神,对整个集团凝聚共识、转型发展有促进作用。

对外的、对内的理由都有了,立项申请也顺利批准了。具体做起来,才发现没有想象中那么简单,也没有讲的那么有意思、有意义。采访对象的联系沟通、采访材料的准备、采访提纲的整理、采访现场的安排、采访视频的拍摄剪辑都不算太难的事。口述史的本意是抢救第一手的历史记忆，由亲历者讲述活生生的历史，这是明显的好处。不好办的也是这一点，历史太近了，当事人太近了，评价是个问题，定性也是个问题。越近的事越不好说，越近的人越不好办，一定需要某种平衡，一定受到某种制衡。相当于说，给活着的人写传记，让活着的人评价自己和同事、评点前任后任，一定会受到限制，一定会有局限。这一点上，口述史夹在了历史和现实之间，既有历史评判的困境，也有新闻选择的尴尬。

不幸的是，由于时间的不可抗力因素，曾彦修、杨奇之后的南方日报老社长、老总编辑，诸如赵冬垠、李超、王匡、黄文俞、丁希凌、陈培等前辈均已驾鹤仙去，嘉言懿行如今已是雪泥鸿爪。1957—1987年这三十年间，有不小的空白。幸运的是，《南方报业社长总编辑口述史》第二辑中的三位——张琮、刘陶、李孟昱，薪火相继，带领着南方日报从20世纪走进21世纪，也带领着南方日报从一家报社变成报业集团、传媒集团。而第三辑中的范以锦，已经在暨南大学新闻与传播学院任院长接近13年，从"好人好报"到"良师益友"的声誉评价，显示了新闻与历史另一种平移的可能、平衡的能力和平行的魅力。

二、专业史：多元历史的重写与续写

如果说口述史是一种短历史，而专业史包括行业和职业的记述，则是重度垂直的专门史。这十年来口述史和纪录片一起升温，关于家族与个人、关于区域与行业，都成为口述史和纪录片的题材，而行业与职业的口述史往往以即将消失的行业为主，比如民间一些手工艺人、非遗传人的口述史有极高的存留价值。与此同时，这几年极为畅销的简史、极简史系列，预示着另一极即人类、宇宙、未来之类长历史大历史的简约化趋势，以及相应的极简主义和极简思维，可谓繁简并列、长短并行、大小并热。作为时空横切面的专业口述史，势必形成对概念化的逆向异构、对全球化的同向共构，进而展开对多元化的强化式重写与改写、对个性化的细化式续写与补写。

2016年，时任广东省委常委、宣传部长慎海雄策划的《当代岭南文化名家》大型丛书项目启动，南方报业有五位社长总编辑入选：《南方报业社长总编辑口述史》第一辑中的杨奇，第二辑中的张琮、刘陶、李孟昱，第三辑中的范以锦。其中，杨奇、李孟昱、范以锦三位名家文集已经出版，刘陶文集有望在《南方日报》创刊70周年前出版。文集均分为传略、访谈和作品三大块，因此可以看作是另一种复合形式的专业史出版物，另一种形态的历史复写。就像笔者30年前知道严秀（曾彦修）是知名的杂文家，在这套文化名家丛书中，杨奇是一位诗人，刘陶是一位散文家，李孟昱是一位书法家，而范以锦则是一位教育家。他们的性情、性格，以及整个人的特质、容貌，似乎也跟着变了。

回忆《南方报业社长总编辑口述史》访谈录制现场，六位老领导、老前辈的生动神态历历在目。面对笔者这些后辈，他们没有任何的架子，讲起当年的成就责任与苦恼压力，不同的口音、声调和性格都是生动可感的，让历史有了体温，有了情绪，有了脉动。曾彦修的睿智通达、杨奇的细致谦和、张琮的平实厚重、刘陶的激情豪迈、李孟昱的儒雅沉着、范以锦的坦荡赤诚，在只言片语间，轻描淡写中，隐隐有电闪雷鸣，传递出一种浩然正气、凛然风骨的气派。谁能想到，他们在新闻幕后还有那么曲折、惊险、起伏的另一面；谁能想到，他们在新闻之外还有那么丰富、张扬、自在的另一面。

老的少的都说范以锦是好人，好人办好报，好人有好报。谁能想到，待人忠厚宽容、倡导和而不同、提出多品牌战略和报系架构的范以锦，在离开社长岗位那一刻，性格如此张扬。《当代岭南文化名家·范以锦》一书开头的传略部分，大篇幅地描述了范以锦在2006年11月15日集团主要领导交接大会上的讲话，按今天的话说，金句连连，掌声不断：

"今天范以锦终于安全着陆了。"

"今天我要说，不当'新闻官'的感觉真好！"

"辉煌与痛苦是联系在一起的，要想辉煌一些，就得痛苦一些。"

"我感到最幸运的是，我永远属于南方报人。我感到最自豪的是，我和在座的各位同事与新老一代南方报人共同培育和发展了在全国有广泛影响力的系列品牌媒体。我感到最欣慰的是，虽然我没有给下一届班子留下多少财富，但留下了思路，留下了人才，留下了发展后劲。"

"历史已经证明并将继续证明，我们对中国新闻事业的忠诚；历史已经证明并将继续证明，南方报业对中国新闻事业所做出的特殊贡献。"

南方报业改革发展过程中的问题、风险与挑战，南方报人的真情、正气和社会责任感，范以锦提到了，笔者和坐在台下的同事们都有幸听到了。这一刻，范以锦下台比上台还显得扬眉吐气，离职比升职还显得意气风发。这一刻，没有人比他更能把心胸襟怀展现得如此淋漓酣畅，没有人比他更能把进退得失表达得如此真切坦荡。

高度，巅峰；风华，壮举；圣地，盛世；人格，报格；好人，好报。鲜花和掌声的背后，繁华和呼声的背后，其实有很多话都没有说出来。没有新闻圣地，没有新闻圣徒，如同新闻里的圣人只是传说。盛事盛举、灾难劫难，在薄如纸的新闻里如何盛得下，如何载得动？这么多年以来，周围老的少的都习惯叫他老范，从来没有人把老范当成神人圣人，他自己显然也没有成神成圣的念想，毕竟21世纪了，凡是想造神话的，一定会成为笑话。记得有一次夜班看望编辑部人员，他问一个刚毕业入职的编辑："打算在这个岗位干多久？"这个年轻人站直回答说："一辈子！"他哈哈一笑："不用一辈子那么长，能干好三五年就不错了。"这位新来的同事可能不知道，媒体多品牌战略的背后，意味着文化的多元、选择的多样、角度的多向、视野的多维、交流的多边，然后才有新闻的多彩、言论的多姿、事业的多赢。所谓和而不同，所谓包容担当，所谓新闻共同体、理想共同体，不是虚妄的幻象，不是高调的喧哗。

三、民间史：异构历史的打捞与打造

回到《报人报国·范以锦》，说的是报人范以锦的口述史，主要讲的是作为报人的范以锦，小时候的经历是铺垫，当记者的经历是前奏，离开报社后的教学生涯是后话，更是新的活法，是延伸，更是大的跳转。尽管与南方报业有36年的深度交集，但两条线并不能合而为一，不能简单划一、九九归一。对他而言，从报人到学人，从网络达人到含饴弄孙，那是他的另一册历史，那是他的另一篇文章。

这次为口述史写序如此用力，说起来也是欠着老师一份情，不是因为在报社得到提拔重用，不是因为在暨南大学读博师恩如山。2002年他刚任社长，为我的批评报道集子写序时，称我是"同一战壕的战友"。谁知他将写好的序在电脑的华光采编系统稿库里打出来存放着，过了两个月被系统当成废稿自动清除了，那时候系统容量小，没备份，害得他重打重写了一遍。16年后的今天奉命"还债"，手机上也可以随写随改随存了。所以，公道而论，历史欠债总是还不上、还不成、还不够、还不起的。凡是承诺以后还的债，恐怕都是自己骗自己。推而广之，历史的审判、迟到的正义，都可能是良好的愿望和自我安慰。

欠着的债不能还，有时候是不知道怎么还，就像沉没的历史没有办法打捞，就像咽下的话没法说出口。有时候真像开篇第一段说的那样：也许这里面有太多的偶然和随意，也许没有报出来的新闻就不是新闻，没有写出来的历史就不是历史，没有讲出来的故事就不是故事。但是，后来者的随机打捞，就有了可选择的目标，有了可搜索的空间。这就是民间逸史野史的基础，起起伏伏、断断续续、零零散散，却绵延不绝。因为凡人都有好奇心，不满足于官修正史的皇皇巨著的宏大叙事，偏爱搜罗逸闻轶事。还有一种情形，正史猛一看块头大、架势大，却少了历史构造的"毛细血管"，让人望而却步、敬而远之。明知道野史更不可靠，记忆更不可靠，还是忍不住去听、去看、去八卦。就像见多了大饭店的正殿大堂威仪光鲜，偏偏想念路边小店、小馆子的特色菜和家常菜，这可能是断代史、短历史、个人史、口述史持续热闹的另一个心理原因。这种心理因素被不时利用的结果是编造历史、篡改历史、涂抹历史，也成了一门有市场的专业手艺。就像新闻和谣言、故事和传言、真相和虚构、回忆和幻想，总是如影随形、难分难解，都有真实的需求，都是真实的存在。新闻应付历史，还是历史对付新闻？也许，谁也干不掉对方，谁也没有办法最后定稿。这一点也像新闻，如果不是编辑催促，总是没有办法交稿。都说新闻是历史的草稿，这个草稿永远是那么潦潦草草、粗制滥造，来不及精心打磨就被再次打碎、搅拌、覆盖。到了全媒体时代更是这样，什么都是即时的、流动的，人人都在参与记录和被记录、定格和被定格，网络日志和浏览足迹成了最细致的言行录。正史和野史不约而同地碎片化、原子化了，如何重聚重构，需要重新寻找定位和定义。新闻的历史化、历史的新闻化，转化过程、转化逻辑、转化配方永远有太多变数和不确定性，随机、随意以及随性，没有了不变的规律和永恒的定律。

压缩归档前，最后多说一句，8年前合作口述史的两位同事，一位已经退休，另一位博士毕业后到了高校。幸而有《南方传媒研究》编辑郑晓琳热心善后，才有了这组口述史系列的善始善终。三辑口述史出齐之际，老范在暨大新闻与传播学院院长任上，已近13个年头，单是发表论文就超过了200篇。新的交集、新的交互，而放不下的过往，不可能一切都归零。从南方报业到暨南大学，还在广州，还在南方。有个小小的新发现，广州大道中289号、黄埔大道西601号，读起来是同样的韵律节奏，都是有故事、有历史的门牌符号。当然，这是传播符号学、历史符号学的课题。

目录

报人报国·范以锦——南方报业社长总编辑口述史
（第三辑）
CONTENTS

引子 "289"，我的家 // 001

第一章 成长 // 007

　　一、母亲与外婆 // 008
　　二、父亲与家风 // 013
　　三、同学情同手足 // 018
　　四、"三同户"的呵护 // 019
　　五、"战天斗地"洞庭湖 // 021
　　六、从村干部到记者频繁换岗 // 023

第二章 激情燃烧的岁月 // 027

　　一、南方报人率先上街欢庆粉碎"四人帮" // 028
　　二、广东恢复记者署名从我开始 // 031
　　三、被"告状"反受通报表扬 // 033
　　四、传递省委声音使"大包干"进入佳境 // 034
　　五、分管读者来信部的日子里 // 036

第三章　纸上风云 // 039

一、一篇小说惊动省委常委会 // 040
　　附录：落选以后 // 042
二、出奇顺利和圆满的批评报道 // 045
　　附录：上亿斤粮食是怎样损耗的？
　　　　——黄埔进口粮食转运点剖析 // 047
三、应人民日报之约抨击"乱"语 // 053
　　附录："高端"人士，请你别"乱"语！// 054

第四章　南方报业战略 // 059

一、多品牌滚动发展催生南方三大报系 // 060
二、与光明日报合作办报，《新京报》一纸风行 // 064
三、叫停非"龙"非"凤"的《南方体育》// 072
四、转制更名，做媒体要重视盈利模式 // 073
五、从 EMBA 课程培训到建博士后工作站 // 076

第五章　办报责任与领导胸怀 // 085

一、假冒"领导意见"被领导批示揭穿 // 086
二、领导答复辞呈"要重视范以锦同志的意见"// 087
三、"三老"合影记忆犹新 // 088

第六章　报道艺术 // 093

一、找准结合点，批评报道上头条 // 094
二、政治家办报四方面内涵 // 095

第七章　南方报业舆论监督五个时期 // 097

一、20世纪50年代舆论监督兴盛期 // 098
二、反右之后舆论监督衰退期 // 100
三、"纠偏"之后舆论监督恢复期 // 101
四、"文革"中颠倒黑白的监督 // 102
五、真理标准讨论后舆论监督提升期 // 102

第八章　报人风骨 // 105

一、曾彦修与杨奇 // 106
二、丁希凌与陈培 // 108

第九章　新闻官 // 111

一、工作原则：不搞圈子，按规矩办事 // 112
二、人才观：不论资排辈，关键岗位看才能 // 113
三、队伍建设：有贡献的人，一定要提拔起来 // 116
四、宽容犯错，但最不喜欢两种人 // 117

第十章 传媒教育 // 119

一、当院长：做加法建立准记者训练营 // 120

二、做老师：新闻"微"茶座释疑解惑 // 122

  附录之一：入乎其内，出乎其外，破中有立，融合创新

    ——读《新闻"微"茶座》的三点思考 // 124

  附录之二："范式"微言的力量 // 130

三、十年发表新闻论文或观点性文章200余篇 // 133

  附录：新闻论文或观点性文章一览表

  （2007—2019年）// 136

第十一章 晚年生活 // 147

一、卸任感言 // 148

二、产房门口迎接小孙孙 // 152

三、活得快乐就好 // 154

编后 传媒圈评价：好人好报 // 157

引 子

"289",我的家

自从成为"289"的常住民,我每天都在这里进进出出。后门是我熟悉的商业街,再拐到北面是南方报业印报厂的外围。往时我路过这里也就快步地过去,很难留住脚步。如今,我不再来去匆匆,老印报厂蝶变出优美画卷,让我有事没事都喜欢在这里驻足凝神。我是首批入驻广州大道中289号南方报业大院的员工之一。1989年10月23日,《南方日报》创刊40周年与新址落成双喜临门庆贺活动同时举行。南方日报历届编委成员应邀回来了,广东省委、省顾委、省人大常委会、省政府、省政协、省军区及广州市和省各厅局的主要领导同志都出席了庆贺酒会,南方报人也有扬眉吐气的感觉,南方报人总算有了自己的家,寄人篱下不好受的日子终于到头了。那天,风和日丽,我站在报社门口望着刚落成的南方报业大厦,如醉人一般,浑身有不可名状的愉悦。"文革"期间,南方日报被强令搬迁到广东工学院办公,与此同时广东工学院也被强令改为矿冶学院,搬到粤北韶关。"文革"结束后,在拨乱反正中被占用的高校必须归还,然而南方日报原有的地盘又划拨给了别的单位,回不去了。广东工学院进行一次又一次的抗争,南方日报不能再赖着不走了。终于,省委做出了南方日报另起炉灶的决定。1983年7月28日,省委办公厅发出《关于解决南方日报社址和广东工学院校址问题纪要》的通知,根据省委的决定,经广州市规划,在杨箕村划地建新址。当时还有质疑声:"怎么到城外农村办公?"后来有"城中村"的说法,但我们刚搬来时这一片连"城中村"的资格也够不上。在享受有家感觉的良辰美景时,却不免有一丝孤独感。周边有菜地,远离城市的尘嚣,没有摩肩接踵的男男女女，没有一辆"吻"一辆、慢慢爬行的汽车群。报社大门对面不远处有阡陌螺旋的稻田，有水塘，有粪坑，还能看到凹凸不平的土山，荒僻之处摇曳着绿茸茸的细草，建筑材料横三竖四地堆放在路旁。南方报人刚来时的想法是有了栖身之地，有了向往已久的尊严，这里能办公出报就行了，并没有奢望。

从农村土地上冒起的南方报业大厦，如鹤立鸡群，或者说，山中无老虎，猴子称大王。这栋获得鲁班奖的包括地下室、顶层共23层的大厦是当时全中国最高、最大的报业大厦，李瑞环当时分管宣传口，眼观如此争气的报业理所当然有欣慰感。有的人以为省里给了很多钱，其实当时只拨了2000万元，再加上报社自筹资金也就建起来了。

重视经营管理是南方日报老前辈倡导的。办报初期的人员大多来自香港华商报，还有从延安过来的曾彦修。总编辑曾彦修上任后很快就与副社长杨奇等华商报过来的人打成一片，除了带进了延安办党报的光荣传统，还非常重视吸收华商报的办报经验。华商报重视经营管理，因为这份地下党报经费有困难，得自筹部分资金，还有就是非常重视批评报道。这两方面，成为南方报业一代又一代传下来的优良传统。南方日报能够在20世纪80年代建起报业大厦，而且没有带来经营上的包袱，可见经营管理是做得不错的。

再看一看批评报道。搬到新址之后，报社推出的重头批评报道之一就是阳江"3·16"悲剧，披露的是一个"见死不救"事件。地方新闻部主编关健将题目报给我，我先后向副总编辑刘陶、总编辑张琮做了汇报，他们立即批准在《南方日报》头版以《一个沉重的问号》为题刊发批评报道，并引出关于社会公德的大讨论，产生了良好的社会反响。讨论结束后，我写了《沉重的问号，圆满的句号》的评论发在《南方日报》头版头条。1989年和1990年，省纪委两次给南方日报社来信，表扬《南方日报》批评报道做得好。

从创办初期的广州光复中路48号、沙面复兴路42号，到位于广东工学院的环市东路466号大院，再到广州大道中的289号大院，社址换了，门牌改了，但南方精神气质未变。南方日报在"466"创办了蜚声国内外的《南方周末》；在"289"以"办中国最好报纸"的雄心创办了《南方都市报》，继而又有了《21世纪经济报道》《南方人物周刊》《南都周刊》，以及南方报业与光明日报报业集团合办的《新京报》的诞生。南方日报由一家报社逐渐发展成为多家报刊，并成立了南方日报报业集团，再更新为南方报业传媒集团，南方报系成为响当当的品牌。在与时俱进中，"南方"的报纸品牌已升格为报业品牌、传媒品牌，然而进出"289"内外扫视一下总还是觉得缺少点什么。

刚进来时存有不敢奢望的心态，那是因为这里还是农村。随着广州市郊的城市化，再也看不到菜地、农田、鱼塘了。先是南方日报旁边建起了外商活动中心，继而报社正对面的珠江新城的"城中村"也消失了，取而代之的既有琼楼玉宇，也有摩天大厦。然而，南方日报自身周边的环境与南方报业的品牌相形见绌。早些年，在围墙经济的驱动下，南方日报后门两边的围墙加以改造，建成一排商铺，既是为了提高经济效益，也是为了利用这一改造机会改变这里的环境。然而，建成后并不理想，门面无序，经营杂乱而低档。我进去买东西都先要忖度一下是不是劣货。承包的店主因经营不下去，一波又一波换经营项目，经营者走了一批又来一批，循环往复。

直至289艺术园区创办才改观。2014年，南方报业新印务基地在南海启用。继而，闲置的老印报厂得以改造，商业街店面扩充，与艺术生活空间融为一体。

我先光顾了艺术照相馆，带着3岁的孙女来到这里拍照。尽管花钱多一点，但师傅拍得很认真，照片艺术感强，值得！接着来到"知道分子"餐馆，钻进能容纳4人的"管道"享受书房菜。创意概念餐厅还有重庆口味的小面，能微信点菜、付款；椰客打边炉，用清甜的椰汁煮文昌鸡，别有一番风味。伏案读书读倦了，敲打键盘敲累了，缓缓移步茶室、咖啡厅小天地，也是高品质的休闲享受。不要以为只是吃吃喝喝，这里还有舞蹈、音乐教育、画廊、岭南活力非遗艺术馆。广州市级孵化器、越秀区级孵化器、广州市创新创业（孵化）示范基地——孵化器的进入，更是把艺术园提升了档次。

"289"是我办公的地方，是南方报系形成和发展之地，也是我的家，那里有我的房改房。退休之后，我从大院搬出去住了，但我依然习惯在"289"转悠，不是对权力的迷恋，而是因报人情怀对"南方"的依赖。我没有忘记"南方"这个温馨的大家庭，我对"南方"早已不离不弃。

这里有提升了的艺术空间。

这里更有"责任、勇气、担当、创新"的南方基因的传承。

我走在大院的路上，看见熟悉的、不熟悉的青春洋溢的笑容，也不禁以笑脸相迎。我们老了，他们才是"南方"的未来。

范以锦
——南方报业社长总编辑
口述史
(第三辑)

第一章

成 长

一、母亲与外婆

从来到世界之日起,我就是母亲最牵挂的人,她一生承受喜悦和惊怕。

1949年6月,在马来亚(当时的称呼)通往中国的客轮上,我和家人挤在阴暗的角落里。由于经济拮据,我们只能找个低等级的位置栖身。外祖母和母亲都寸步不离地守住她们认为最珍贵的东西。外祖母抱的是我外公的遗骨,为的是让他魂归故里,虽然骨灰盒被厚布裹着,还是担心被发现后会被丢到海里。母亲双手紧紧搂着的是疾病缠身的我,我一旦有个三长两短,也只能被扔进大海喂鱼。

回国目的地就是家乡——广东大埔县茶阳镇西湖村。

我们村的范氏家族都是始祖文正公范仲淹之子范纯佑传下来的。从范仲淹算起,7世祖远冈公在大埔县青溪开基。西湖村开基始祖积玉公为16世,我的父亲为26世。父亲范联盛1917年2月出生,9岁丧父,14岁丧母,几个姐姐又出嫁了,村里人非常可怜他。马来亚有姓范的人家回村探亲,村里人就对他们说:"范联盛很可怜,你们是不是可以把他带到马来亚去?"这些人与我们家的祖辈原本就是一家人,亲缘关系使父亲于1935年顺利地到马来亚定居。

母亲3岁的时候跟随我外祖母到了马来亚。父亲在马来亚山区割橡胶,也进到小城镇里修过汽车,在城里与农村之间两头跑,但大部分时间以割橡胶为生。母亲与外祖母也住在山区,父母认识以后结了婚，很快有了四个小孩。

原本温馨的家庭因父亲突然入狱而破裂，一个弟弟和一个妹妹因家庭困境所迫而只能送给人抚养。60多年后，我到现在的马来西亚见到了弟弟，而妹妹却下落不明。

颠簸的客轮上，还有我的父亲和我的哥哥。我们是被驱逐出境的，这与父亲和马来亚共产党的关系有关，也与他参加过"电车工会""橡胶工会"和反殖民主义的罢工有关。

我们住在山上橡胶园里，那里是马来亚共产党比较活跃的地方。1941年12月8日，日军正式入侵马来亚，因共同敌人是日本侵略者，马来亚共产党与英殖民主义者当局结成抗战联盟。父亲作为有血性的华侨青年也参加了支前行动，父亲常在家里请马来亚共产党成员吃饭，还赠送粮食。日本投降后，恢复了对马来亚殖民统治的英国当局与马来亚共产党又成为死敌，而我的父亲与抗战时结识的马来亚共产党朋友继续来往。1948年8月12日，父亲被以"接济马来亚共产党""参加非法工会""罢工"为名投入监狱。坐牢10个月后，1949年6月，警察将父亲押解到港口码头，与在那里等候的家人会合出境。上船前我就得了病，本不应该离开，但没办法，警方下达了离境时限令。

回到了故乡，我仍在病中。这里是山林茂密、飞禽走兽常出没的地方，母亲一听到屋后树林高枝上乌鸦发出"呱——呱——"的哀嚎声，心里就发怵。乌鸦专吃腐肉，农村有一种说法，人临死前会发出一股怪味，乌鸦闻到了就会乱叫一阵，谁家屋后的乌鸦叫得凶，谁家就会死人。不清楚这是迷信还是有科学道理，但无论如何，母亲一听到屋后乌鸦的叫声就惊惧地把我紧紧搂住。农村缺医少药，我的病一时好不了。一天晚上，父亲与村民们都到离家几里路远的学校开会商议分田分地的事,我父亲当时是村农会主席。我突然昏迷不醒,外祖母和母亲不知所措。情急智生,母亲拿起了那面祖传的铜锣,我父亲平时召集人开会用的就是这面锣。母亲站在门口高处敲了一分钟,五分钟后又再敲一次。听到熟悉的锣声的父亲和村民们及时赶回来,大家分头找野生草药,熬好后灌进我的嘴里,我终于清醒了过来。

经调理,我的身体逐渐好转,而母亲的身体却越来越差了。她先后生了七个小孩,农村的土医生说,她产后不注意保养,因而太劳累,得了"产后风"。腰酸背痛、头昏、腹痛,年复一年,似乎没有尽头。60岁之后,奇迹竟然发生了,母亲的病痛消解,身体愈来愈好。这与生活环境的变化、家人的细心照料,以及能坚持用药积极治疗有关,当然这也与她豁达乐观的性格和与人为善的态度有关。她告诫儿孙不要有过多的欲望,也不要怕艰苦,先苦才能后甘,日子总会越过越有春光。谈到与人为善,她讲得很具体:见乞丐要施钱,进寺庙要捐灯油,见到门卫、清洁工要平等客气并主动打招呼。无论是饥寒交迫的状态下还是春光无限的日子里,母亲在人前总是平心静气,从不表现出大喜、大怒、大悲,平和是其人生精髓。

母亲晚年在广州增城与我的侄儿、侄媳妇同住,但她的身份一直都是农民,村里有自留山,身后可给她安排一穴之地。然而,在农村还未全面推广火葬之前,母亲就一再表示要火葬不要土葬。这与她"扫盲"之后学习了一些新知识有关。她本是文盲,得益于20世纪50年代中国掀起的"扫盲"运动,我和兄妹成为她的"扫盲"老师。晚上在煤油灯下,我们教她识字写字。后来,她就自学了。到了70岁之后,晚上睡不着时她就起来读书看报,认不得的字记下来,第二天就问人。我从她留下的字典上发现,对于不认识的字,她用同音注释在旁边,如"哥"字旁边写上"戈",并注明"戈"字来自第84

页。有了点文化，母亲就能从报刊和电视上传递的新观念中受到耳濡目染的熏陶。她常说，土葬不环保、不干净，火葬既干净又卫生！她送给儿孙们每人一张自己的大头像，并逐一嘱咐：死后要像周恩来总理那样，遗体火化，骨灰撒向大地或撒到大海里，儿孙只留相片作为纪念。年至九旬，母亲又有了新的主意，要实行树葬：遗体火化后，骨灰用于植树，植树节种树时就将骨灰深埋下去吧！儿孙无须祭拜。

2016年3月3日，我进入古稀之年，亲友们说要为我祝寿，可此时此刻，我心里只有母亲的位置。70年前，母亲生下我，70年后，应让母亲分享我古稀之年生日的美好时光。令我伤感的是，本是春暖花开的3月，却忽阴忽晴，忽冷忽热，母亲在病痛中逐渐失去了对我的记忆。3月12日这一天，96岁的母亲终于走了，永远离开了我们。

母亲90岁时还能自己用电饭煲煮饭，也会用煤气炉偶尔炒菜煮东西吃。2013年年底，她差点走了，后来送到医院治疗了半个月，竟然又奇迹般地好了，能够下楼梯，还经常拿起扫把扫地。但她毕竟老了，病情有过多次的反复。这次病重发生在2016年春节前，躺在床上的她已不能动弹，但经过一番调理后已有好转。有一天，她突然从床上爬起来跑到厅里，手握椅子来回晃动。3月12日上午9时多，有一定医护经验的侄媳妇发现异常，于是将母亲送进了医院。经医生救治，母亲有所好转。医生说，虽然状况不好，但估计不会那么快走。想不到的是，下午6时，母亲却永远离开了我们。此前，我的一位亲戚临终前总是想见在外地的儿媳妇和孙子，当两人赶到见了一面后，这位亲戚很快就辞世了。人的意志是可以产生自控能力的。我恍然大悟，再过6个小时，植树节就过了。

期盼树葬的母亲在植树节逝去，是心灵的感应，还是上天的安排，或是她执意的选择?!

如果有来世，我选择做棵树，继续在母亲的哺育下成长。

我和家人都尊重母亲本人的选择。然而，无论海葬还是树葬都得按程序进行，急不了。3月15日10时举行简朴的告别仪式后，我们先将她的骨灰暂时寄放在殡仪馆。刚办完手续走出厅外，天空突然下起毛毛雨，继而一阵风，细雨斜扫过来，拍打在我的脸上。是母亲以为遗愿未遂而向我们洒来的泪水，还是催促我们赶快把她树葬？我心里一阵酸痛。

8个月后，我们按母亲的遗嘱，在她晚年居住的广州增城举行树葬。

说完母亲，不能不说我外祖母的事。1952年后，父亲外出工作了，照料我们兄弟姐妹的除了母亲，就是外祖母。当时外祖母60多岁了，依然要下地干活。

我们被驱逐出境时，开杂货店的舅父就让外祖母陪我们全家人回来。外祖母本来的打算是把家里的事情处理好了再回到马来亚，但外祖母回来以后根本回不去了，因那时中马关系非常紧张，外祖母别说回马来亚，连去探亲也不行。一直到1961年，我外祖母75岁去世，都没有再见到在海外的儿孙。

外祖母是很值得我怀念和尊敬的人。她在村里威望很高，全村人都非常尊重她：很多人家里有些什么事、有什么矛盾都会去找她聊聊，她力所能及能帮忙的尽量帮忙；村里人结婚喜宴上，她往往是座上客。

外祖母的性格跟我母亲有类似的地方，与世无争，与亲戚、邻居关系都非常好。但我的外祖母社交能力强，她在外面与人来往很多，很多人跟她聊天，而我母亲基本就是属于默默无闻的人。两人心态都非常好，从来没有见过她们悲观厌世或者因为矛盾而跟邻居吵架。

在农村,是外祖母和母亲把我们兄妹拉扯大的。当然,我们兄妹除了上学,在家里也是闲不住。上山砍柴,下田插秧,看牛喂猪,浇菜煮饭,各种农活都干,上小学时也把妹妹带到学校照看。插秧可以自选田包干,然后按完成的面积记工分。村里的田都是几分几厘的,一亩以上的只有两三块,我和哥哥范以根专挑大块的田,曾包下一亩田并按质按量把秧插完。毕竟我们还是少年,此举一度被村民传为美谈。

哥哥高中还没有毕业就自己要求回到农村去劳动,他觉得家里太困难了,加上他对学习兴趣也不是特别浓厚。哥哥结婚之后,家里的重担由他和嫂嫂饶端英负担。三个妹妹范金英、范东花、范七英未出来参加工作之前,也在农村劳动。子女长大了,我的母亲才有时间进到城里跟我父亲生活在一起。母亲也不是长期在城里,进城里生活一段时间,然后才回到农村。她进城时一定会把我哥哥的几个小孩轮流带到城里去住,来回跑。我哥哥有四个儿子、一个女儿。母亲晚年就跟我哥哥的小孩住在一起。

二、父亲与家风

"以工代干"曾经是个香饽饽。张艺谋20世纪70年代当工人时,梦想就是能到厂部当名"以工代干"的宣传干事。20世纪60年代至80年代前期,工人能被企业管理机构和党政机关、事业单位选调为"以工代干"从事干部岗位工作,是件幸运和荣耀的事情。干得好还可以正式转干和提拔当领导，乃至出现了"以工代干"的"走后门"之风。

我的父亲范联盛却反其道而行之：在国家干部的岗位上干了6年多后，"以干代工"了20年直至退休。说得更确切一点，是"以官代工"，因为父亲从未当过一般干部。父亲成为国家干部既是偶然又是必然。

我的家距当时的县城埔城镇才五里路。新中国刚成立，就来了访贫问苦的。村民告诉他们："范联盛家庭贫苦，且有文化，明白事理。"父亲其实只读过初小，但在那个年代就算是村里有文化的人了。此后，被称为"同志"的人频频出入我家。父亲早年在马来亚曾受过马来亚共产党的影响，所以"同志"讲的大道理、小道理他一听就懂。在村民大会上，他还可以慷慨激昂地说上一阵子，赢得一片掌声。父亲很快获得"同志"的信任，在1951年担任了村农会主席。我们村没有地主，田地都是城里人的，土改后土地就归村民了。父亲每天提着棍子和绳子，领着村民过山道、走田坎，丈量分田地。1952年6月，被评为"土改模范"的父亲被吸收为国家干部，并担任大埔茶山乡乡长。这个乡的乡址就在埔城镇的边上，实际上就在同一个城里。1954年，茶山乡与埔城镇合并，父亲被任命为副镇长。

1956年，乡镇又分家，父亲在新组建的附城乡任乡长。时值农业合作社由初级社转为高级社阶段，父亲兼任西湖村高级农业合作社社长。这是令他颇为烦恼的事，高级社相当于现在的一个大村，以大村为基本核算单位，开展集体劳动，实行记工分的按劳分配制度。作为农家出身的父亲深知这种体制很难调动农民的积极性，粮食生产搞不好，农民就会挨饿。因此，除水田之外，父亲给农民留了较多的自留地，可种果菜和杂粮。上级违反科学的指令一个接一个，比如开展

"车子化运动",将村前村后的树砍下来,做成手推车作运输工具。村里都是崎岖的山路,几乎找不到一块平地,树砍了,车子做成了,但不能使用。上头还指示农田要搞"满天星",即插秧时要插得密密麻麻。因为有人坐在房里算出了一株秧苗能结多少粒谷子,为了高产,异想天开地以为插下多少秧苗就能达到多少粮食产量。禾苗不透气、肥料跟不上,只会大减产。父亲不敢大面积推广,只搞了一点试验田应付。为了增加肥料,上头指示拆旧泥墙房作肥料。村里的农民住的几乎都是这种房,拆了后住哪里?父亲只得从已崩塌的房子中清理一些泥墙应对。有一天,父亲从县里开会回来,脑袋全光了。原来县里说头发可以做肥料,为了支援农业生产,凡参会的男性都要把头发剪光。面对各种匪夷所思的瞎指令,不执行是右倾,执行又违反科学和侵犯农民的利益,父亲处在两难的夹缝中,更为重要的是政治压力。他曾多次提出入党申请,都以"历史不清"为由被拒。

父亲向组织申辩:"我在马来亚因亲共受难,还能有什么问题?"父亲还提供了从马来亚归来的证明人,组织也派人调查证实了。然而,还得讲清在狱中的表现,父亲讲得清楚,但组织无法查明白。入不了党也不要紧,要紧的是各类运动中的压力。尽管父亲为人不错,组织和同事们没有着意刁难他,但每逢"运动"惯例的"向党交心""说清问题"是免不了的。尤其是"反右"之后的社会氛围,使他对未来的前景有种不寒而栗的感受。其实要他去当农业合作社社长,不再管乡务工作,他也明白自己被边缘化了。我家8口人,外祖母已年迈,母亲多病,我们兄妹几人还小,父亲万一出什么事,家里的"顶梁柱"就塌了。那些日子里常听他和我外祖母嘀咕"辞职回家耕田"的事,但最终下不了决心,毕竟父亲每月有37.5元的工资收入,当时的农村人对工资收入还是看得很重的。

既能离开干部队伍又能保留工资待遇的机会终于来临。

1958年人民公社化运动大潮来临，也是农村工作压力最大的时候，父亲打听到大埔县到汕头市的公路开通后司机紧缺，于是他以"文化低，工作难适应"为由，要求辞去领导职务改行当司机。组织上一番礼节性的挽留之后，很快就批准了他的请求。父亲先是当货车司机，继而先后在大埔县邮局、百侯医院、县商业局开车。1964年，到县委开车至退休。

曾为干部的父亲当上司机后毫无失落感，反而变得异常兴奋。再也没有人找父亲麻烦了，他在"文革"中安然无恙。父亲当司机以来从未发生过事故，除了开好车，为节省开支还自己修车。他一有空就到县委食堂帮厨，洗菜、端饭。他还购置了理发剪，为同事和小孩理发。农村乡亲到县城办事，他总是热情接待，协助乡亲解决事情。那时候我家仍在农村，父亲节假日回家时也积极组织、参与农村公益活动。

1978年7月1日，已年过60岁的父亲申请退休并获批准。批准机关大埔县劳动局的意见为：经研究符合退休条例，同意给予退休。退休费按原工资的70%算，每月为43.82元。退休之后，县里挽留他到县委传达室工作，那时没有保安，传达室岗位其实就是守门人员。父亲二话没说就答应了。住房就安排在传达室隔壁的小房里。从乡镇长到看门人，父亲几十年来无论走到哪里都是被安排在10平方米左右的单身汉房子里。两年后，父亲退掉了房子，离开传达室，回到了乡下祖屋，与我母亲和我哥哥住在一起。我有三个妹妹和几个侄儿，分别在大埔、梅城、广州、深圳，父母想在哪里住都行。父亲大部分时间住在梅城，晚年生活是幸福的，他常说的一句话就是"知足了"。

父亲的命运的确是与共产党分不开的。假如没有与马来亚共产党曾经的"蜜月",也许他不会回到中国;假如没有党内同志的发现和引导,他也不会当上国家干部;假如不是党内的"左"倾思想对他施加的压力,他也不会去"官"从"工";假如没有党的改革开放政策,他的晚年也不会过得那么舒坦。

父亲谈不上有坚定的信念,但他对党的朴素感情是实实在在的。正因如此,粉碎"四人帮"之后的拨乱反正年代,父亲再次写了入党申请书,他对我说:"这是最后一次了!"组织上很快给他安排了入党介绍人,并召开支部大会通过了他的入党申请。然而没有了下文,是未上报还是报上去未批准,不得而知。同事对他说:"你应该再申诉一下,县领导也熟悉你,可以向他们反映。"父亲说:"不必了,我已说过这是最后一次。"从此,他再也不提入党的事了。

2005年12月,年近90岁的父亲与世长辞。县领导和机关干部、老干部到殡仪馆为他送行,乡亲们也来了。根据父亲的遗愿,火化后他回到了曾留下他足迹和汗水的青山翠松中,回到了他父母身边。

说到父亲"以干代工"的事,还有一段小插曲。1980年3月9日,退休快两年的父亲接到大埔县委组织部人事科的通知:"范联盛同志系国家干部,1978年7月1日误作工人办理退休。经复查属干部,重新办理转干部退休手续。原工资62.6元的75%,应发退休费46.95元。发退休安家费300元。"原来,他由干部岗位到司机岗位之后,人事档案关系并未按当时的工人管理办法转到劳动局,而是一直放在组织部,也从未办理过由"干"转"工"的手续。也就是说,父亲名副其实"以干代工"了20年。

与父亲的"急转弯"不同,我一入新闻门就不离不弃了,我的儿子范颖辉大学毕业后从事技术工作十多年也从未有过换岗的念头。表面上看,与我的父亲的个性不同,其实骨子里是一样的。"一味忍耐,徐图自强""居心平，然后可历世路之险"——这也算我家的家风吧！

三、同学情同手足

1964年，我从大埔百侯中学毕业考上暨南大学经济系。大学同学之间关系很融洽，带了缝纫机的女生会在周六晚上到男生宿舍收集衣服缝补。

改革开放前，家里有一部缝纫机是很令人羡慕的。找对象结婚盛行三大件——缝纫机、收音机、自行车。

暨南大学有很多华侨女生，她们回来读书的时候父母就会让她们带一部缝纫机。当然不是每个人都有，我们班上有几位女生有缝纫机。那个年代布供应比较紧张，要凭布票去买，加上很多人家庭环境也不太好，所以衣服破了不会丢掉，一定要缝缝补补，叫作"新三年旧三年，缝缝补补又三年"。

男同学不太懂针线活，但也得缝一缝。女同学看到以后就说："你们都不要自己缝了。"到星期六晚上的时候，女同学就到男生宿舍来问："你们有没有破衣服要补的？"我们就把衣服交给她们，再给一些零碎布片。第二天晚上就送回来了，有时候还会洗好晒干送回来。

那时候校舍比较紧张，办公条件也有限，一个班分成四个组，开班会就到课室里面开，如果开小组会就到宿舍，一般是到男生宿舍。我们班男生有四间宿舍，分成四个组，女生进到男生宿舍来。如果哪个同学有病了，大家都会成群结队去看望；如果住院了，大家都会轮流到医院去帮忙料理。

学校作息制度非常严格。早上6点30分起床，7点钟全校几千名同学都去大操场做早操。学校的硬件设施不好，想要洗个热水澡都得排长队，所以即便是大冬天，一般也选择洗冷水。不管酷暑还是天寒地冻，我也长期用冷水沐浴，参加工作后一直坚持到40多岁。

在很多人的记忆里，暨南大学的蒙古包是印象特别深的地方，不仅仅因为它是饭堂，还因为它在周末成为师生跳舞的舞厅。在娱乐设施相当贫乏的年代里，蒙古包就显得更加难能可贵了。很可惜，在复校后的大拆大建中，蒙古包消失了，如今又得以在新校区重建。

当时了解学校各方面的信息，最重要的是听广播站的广播。学校广播站在早上和晚上广播，如果有重要新闻还会通知我们收听。收音机少，一个班上可能根本没有收音机，有的班可能会有，但通常是个人的而不是集体的。班上大家会凑钱订一份报纸，比如我们班订了一份《羊城晚报》，还有根据学校规定，每个班可以订一份带点机密性质的《参考消息》，要由固定的人去拿、保管，看完以后还要交给学校统一处理。

四、"三同户"的呵护

1968年七八月间，在"最高指示"的号令下，工人宣传队进驻了学校。为期几个月的"消除派性""整顿纪律"的教育之后，工宣队组织学生下乡接受贫下中农再教育。

我和班上的同学来到了英德县横石塘公社共耕大队新丰生产队，与贫下中农"三同"（即同吃、同住、同劳动）。这是一个小山村，主要种植水稻、番薯，村民的日子过得紧巴巴的，每餐以喝稀饭为主。"三同户"桂哥、桂嫂对我很好，想办法要让我吃饱，有好吃的东西总忘不了我。他们家里每天都煮一些番薯放在桌上，吃了番薯再喝稀饭，也就饱了。放工回来饿了，可随便抓起番薯吃。每隔一两天就能吃上一顿干饭。

邻居悄悄告诉我："你来了之后，他们吃干饭的次数比以前多了。"这怎么行？口粮是固定的，打乱了定量计划，他们以后会挨饿的。我对桂哥说："工宣队再三要求我们一定要与贫下中农同甘共苦，老老实实接受再教育，不能闹特殊。你还是按家里的规矩办吧！"桂哥却深情地说："范同志，你们能来这里就算看得起我们穷人了。再穷，也不能饿着你们这些有文化的人。何况你交的粮票比我们的定量还高哩！"

在"文革"的急风暴雨中，开骂"臭老九"的就是"大知识分子"姚文元；而在宁静的山村，对我们充满温情和给予厚爱的却是文化不高的普通百姓。

有一次，我到外地开会，回到"三同户"家已是晚饭时分。桂哥见我回来就说："范同志，今晚加点菜，吃米饭。"边说边将煮好的稀饭往猪槽里倒，我都来不及阻止。原来，他家养的一只鸭已死好几天了，一家人舍不得吃，非要等我回来共同享用。虽然已做风干处理，但还是担心放久了会变味，得赶快吃掉。

桂哥说，一定要吃干饭，鸭肉吃起来才更有滋味。鸭肉斩成小块，用姜、大蒜头、生葱一起煎炒。"三同"以来，已有些时日未吃肉了，闻着香喷喷的鸭肉，馋得不行，但桂哥一家也难得开荤，我还是保持少吃的节奏。桂哥、桂嫂见状却轮番给我夹肉，我也津津有味地吃起来了。

在桂哥家"三同"了个把月，未见他对我有过什么"苦口婆心"的"再教育"，却让我感受到他对"文化人"的尊重。在那"臭老九"骂声不绝的年代，那一点一滴的尊重足以温暖知识分子受过伤害的心。

终于我又回头去看他们了。桂哥、桂嫂虽然看上去家境也不是很好，但日子比以前好过了许多，依然未变的还是那份真情。桂嫂抓起自己养的土鸡要招待我，我在镇里已设了饭局，我对她说："我下次来，一定留下来吃饭。"

真的！我还要回去探望桂哥、桂嫂，因为，那顿美餐至今仍深深印在我心中，那是特殊年代传递的特殊的真情、特殊的爱。

五、"战天斗地"洞庭湖

"战天斗地"曾是一个热词，常用在农业生产上。我在湖南洞庭湖西湖农场劳动时，碰到了春雨绵绵的寒冷季节，而耕作的田地又很多，所以，有过"战天斗地"的深切体验。

1970年，一声令下，暨南大学这个地方由军医大学接管，同时宣布解散暨大，老师安排在中大、华工、华师等校，学生全部要安置。既然是部队占用了学校，学生就由部队安置。湖南洞庭湖西湖农场是由广州军区管辖的解放军农场，这里便成了大学生安置点。其实那时候我们根本就不在学校上课，先是在农村劳动"接受贫下中农的再教育"，接着被安排到佛山等地的工厂、商店"接受工人阶级的再教育"。我就在佛山煤球厂做煤球，后又转到商店卖东西，卖草纸、水桶、锅头这些日用杂货。1970年3月，我们从佛山回到广州之后就坐火车到长沙，再坐船来到湖南洞庭湖西湖农场。

在农场主要是种棉花和种水稻，水稻有几十亩，平均每个人是一亩多地；旱地很多，平均每个人要耕作十多亩地，所以劳动非常艰苦。我与同班的黄峨在同一个连队，我在四班当班长，他任副排长。我们都是在农村长大的，农活难不倒我们。连队近百人进行插秧比赛，连长在田头带领我们高声朗读"最高指示"："下定决心，不怕牺牲，排除万难，去争取胜利。"大家叫声"冲啊"，就跳进田里，结果黄峨得了第二名，我得了第三名。

最令我担心的是华侨学生，尤其是出生在富商家庭的女学生，他们没有经过农村的磨炼，却与我们干一样的活。到了农忙季节，半夜3点30分起床，然后在田里吃早饭，饭后继续劳动，劳动到中午吃午饭，下午中间休息吃一个点心餐，晚餐也在田头吃，然后继续干活。回到营房，再吃一顿夜餐——一天吃五顿饭。

洗澡之后，已是晚上10点30分了，每天睡几个小时，有的人干脆澡都不洗，洗洗脚赶快上床睡觉了。我刚到农场时体重是99斤，半年后离开农场时体重只有75斤，主要是劳动量太大，不是饿瘦的。连队自己有种菜，还养了几十头猪。我们每月收到津贴20元，交15.5元伙食费，吃得饱，有猪肉、水鱼、黄鳝吃，黄豆、豆芽、豆腐、青菜都很充足。

还好！我们所有同学都平安无事！

六、从村干部到记者频繁换岗

我 1964 年读本科时学制五年,本应 1969 年毕业,因"文革"推迟了一年。毕业分配时,同班同学基本到基层去了,到县里、到农场,也有到市一级的,各行各业都有。有转行的,也有对口分配的。怎么对口?比如我有个同学被分到县里之后,人事部门看到是学经济的,就安排其到饭馆做生意去,实际上是在饭馆里端盘子当服务员。粉碎"四人帮"后落实知识分子政策,大部分同学重新安排了工作,有一部分人到银行、到单位当会计,有的当了老师,其中有一部分回到了广州。

我很幸运,毕业分配时直接留在广州。那时南方日报缺人,经申请批准南方日报从大学毕业生里招 20 多人,其中就有暨南大学。暨大向来人介绍说学生都在部队农场。在来农场之前南方日报人事部门在暨大摸了底,大概有哪些人可以作为考察对象,暨大推荐了我。1970 年 8 月的一天中午,正在湖南洞庭湖西湖部队农场劳动的我,被连长叫到办公室询问"插秧进度"等情况,旁边有两位陌生人瞪大眼睛看着我。事后了解到,这是南方日报派出的考察干部。那个年代,未正式宣布分配前,名单都是保密的。名单公布后,我和另外三位暨大学生黄峨、李通波、郑文杰从农场来到南方日报当记者。

在传媒论坛上,曾有年轻人向我发问:"为什么会选择做新闻?"我回答:"别无选择!"计划经济年代,大学生就业一律实行计划分配,不服从就取消分配资格。

1970年9月,人大、武大、中大、华工、暨大等高校的20多位大学生被分到了南方日报社工作,报社领导说我们这些学生应该到农村去锻炼一下。当时他们对我们不是太了解,其实,分到南方日报社的这些学生绝大部分是从农村来的,而且进报社之前因"文革"的动乱,我们并未在学校正常上课,不断地在农村、在工厂劳动。我们也不做争辩,按报社要求到农村去了。

当时分为两个组,每组10多人。一组到电白县农民学哲学的先进单位七径大队,一组到佛冈县农业学大寨的先进单位洛洞大队。我被安排在洛洞大队。劳动两个月之后安排挂职,我到毗邻洛洞的岑坑大队当副大队长,相当于现在的村委会副主任。同到报社的李孟昱和谢佚芳分别担任岑坑大队和洛洞大队党支部副书记,其他人担任大队妇女副主任、生产队副队长等职务。我们跟着当地村干部学习基层管理经验,大量时间是跟农民一起劳动,吃在农民家,住在农民家,同吃、同住、同劳动。

下乡一年之后,报社安排我到南方日报工商部从事工商报道。半年后,我又被派到梅州记者站当记者。下乡坐班车,还很难买到票,省交通管理部门给记者发了记者购票优待证,拿着可以优先购票。到了县里,通讯员可以帮我们买,到了县里下乡,又要买到乡间的汽车票。班车不是很多,一天就一两班。经常骑自行车——跟机关干部借自行车,还有就是坐拖拉机下乡。

没有多少宏观报道,综合性的报道比较少。我写的大量是生产大队、生产队的事,跟农民面对面采访,跟基层干部采访。下乡有时住在农民家里,交粮票交钱。如果在公社里住下,就在饭堂买饭票,那时几乎没有宴请招待。

我到梅州记者站当记者时是1972年，当时主持中央日常工作的周恩来总理批判和纠正极"左"思潮的错误，批极"左"之后各地就抓企业的规章制度建设，抓安全生产。在这个气候下，南方日报工商部了解到有一个煤矿安全生产抓得非常好，即使是"文化大革命"开始之后，他们安全会也照开，安全检查环节也没有抽掉。当时报社有一位能力很强的编辑叫作陈树生，后来做了编委，由他带队，我就跟着他，还有一位老记者和一位新记者。我们四个人写的这篇稿，见报时是头版头条，使用通栏标题，第一版整版刊登还转到其他版，是一篇好长的稿。为了写这篇稿，我们在矿山里待了十几天，走遍了各个部门，然后就是下到井下，对每个车间、每个班组，从领导到工人进行全面采访，写得非常具体。现在拿出来看文章还是有些问题，比如文中谈到批判所谓的修正主义路线，但这个稿件总体来说是反极"左"的，在当时"文化大革命"那么乱的情况下提出反无政府主义、加强包括安全生产在内的企业规章制度建设有积极意义，推动了广东很多地方搞安全生产。写这篇稿件，我跟着陈树生学习，业务能力得到提高。陈树生后因车祸英年早逝。

写稿时不是一个人写一段，而是大家坐在一起，从起标题到分段落，凑在一起完成，由一个人执笔，大家你一句我一句。后来我在记者站与通讯员合写稿件时，也采取这种办法，大家边说边写，通过口述整理，然后读几遍再修改。

我在记者站，不只是到农村采访，但大量的稿件是写农村的。我在记者站待了不到两年，南方日报有的领导想把我调到人事处，他可能觉得我比较正派，做人事比较适合。这个事拿到南方日报的党委会上讨论，主管编务的几位领导都不同意，他们认为我在新闻方面还是有潜力的，应该做新闻，所以就没有弄成。后来把陈有颂从工商部调到人事处，他调走以后工商部领导就非要把我从记者站拉回来不可。那我不愿意啊，我正在谈恋爱准备结婚。当时找对象不容易，城里的许多姑娘都上山下乡去了，留城的姑娘不多。我因采访认识了大埔县工业局局长，同行的通讯员问他愿不愿意将他女儿温海明嫁给我，他很赞同，他夫人也很赞同，但尊重我们自己的意愿。与温海明见面后，我们很快就处在热恋中。所以，这时候要把我调回广州，我不愿意。当时交通不便，从广州到大埔坐班车两头黑，天未亮开始坐，要坐十几个小时，到大埔已是晚上7点钟了。那个时候探亲假一年就12天。拖了几个月，单位下死命令要我回广州。我当时27岁多，温海明22岁多，因要调离，只好赶紧把婚事办了。我回来报社后就到工商部当记者。

不久，在报社一位领导的带领下，我又与10多位同事到番禺搞所谓的基本路线教育。去了一年再回到工商部。我说很多人都不愿意去记者站，我还是回梅州去吧。粉碎"四人帮"之后不到一个月，说要提拔一些干部，就要我到梅州记者站当站长。这一回，在梅州一直做到1982年年初，突然通知我到广州记者站当站长，我又不愿意回，我说我回了，家怎么办？但报社领导说一定要我回来，说家属安排以后会考虑。我在广州记者站待了不到半年，叫我到中央党校学习，学了差不多一年，1983年8月回来后我担任了南方日报编委，先后兼任广州记者站站长、政科文部主任。一年多后，农村开展整党，我又受省委委派带了一个工作组进驻当时的河源县，大部分时间在农村活动。在河源又待了一年。

从农村出来上大学直至参加工作之后，又不断地到农村去经风雨、见世面，直到1986年之后，我才基本上稳定在报社本部的采编岗位上。

范以锦
——南方报业社长总编辑
口述史

第二章

激情燃烧的岁月

一、南方报人率先上街欢庆粉碎"四人帮"

1976年10月粉碎"四人帮"后,新闻工作者与全国人民一起欢欣鼓舞。我在广州参加了两次游行,目睹了当时欢天喜地的场面。

第一次是1976年10月21日下午,南方日报社员工在广州地区是第一个上街游行的。由于《南方日报》的特殊地位,在省直机关中,南方日报社员工享受了首批听取中央文件传达的政治待遇。那时,报社条件比较简陋,我们就在饭堂听报社领导宣读文件。一听完传达,就有人提议上街游行,报社领导马上拍板。上街得拿点东西,很快有人写了"打倒王洪文、张春桥、江青、姚文元反党集团"的大横幅标语。就这样,我们举着标语,扛着"南方日报社"的大旗,呼喊着口号,走出了报社大门。当时我们还在广东工学院办公,走出大门来到东风东路,一下子就拐到了农林下路、东山口,行进在中山路,再从烈士陵园右侧拐弯回到东风东路。一路上围观的人很多,最引人注目的就是那条横幅标语,有的人还跑上前来细看,目的是要确认一下。党中央代表人民的意志于10月6日粉碎了"四人帮"之后,除了高层之外,一直未向全党和民众传达,其间传说很多,但没有看到正式公布的消息,人们心里还是不踏实。囿于当时的环境和长期的压抑,普通民众连小道消息都听不到,就是听到了也不敢议论。南方日报社游行时所展示的横幅标语,向广州市民传递了"四人帮"被粉碎的权威信息,顿时街道两旁出现了欢蹦乱跳的场面。行进中的公交车停了下来，司机和乘客都将头伸出车外，不停地向我们招手欢呼。广东省人民医院的部分病房朝着大街，当我们的游行队伍走过时，楼上穿着病号服的病人纷纷走到阳台上鼓掌和呼口号，看得出其中有许多久经考验的老干部，他们中有被"四人帮"称为"还在走"的走资派，受压多年，今天总算挨到了出头之日。

南方日报社员工21日下午上街游行之后，上街游行的人蜂拥而来，一直到22日深夜，广州地区各单位上街游行的人数有140多万人。

老干部与广大民众对"四人帮"的愤恨，源于"四人帮"倒行逆施的罪恶行径。作为报人的我们也感受颇深，其中有关悼念周总理的稿件发不出，当时就引发了很多报人的不满。1976年元旦刚过，广州救助打捞局派出救助打捞船到西沙执行打捞任务，我随船采访。来到西沙几天之后，从船上的广播里听到了周恩来总理逝世的消息，船员们都沉浸在极度的悲痛中，大家聚集到船头甲板上，朝着北京的方向默哀，接着进行了座谈，我记录了全过程。那个时候通信不便，要将稿件发回报社不容易。我向船政委求助，通过发报员发电报，将稿件先发到广州救助打捞局，然后再转给报社。十天后，我回到广州第一时间就是翻报纸看稿件刊登在什么地方，却见不到。原来，周恩来总理治丧期间，"四人帮"发出种种禁令，不准人们佩黑纱，不准戴白花。地方报纸只能刊发新华社的稿件，而新华社从1月9日到15日追悼大会之间的6天当中只发表了党和国家领导人以及首都各界群众代表向周恩来遗体告别和举行吊唁的两条消息。1月14日，周恩来追悼会的前一天，《人民日报》在头版头条用通栏标题发表了《大辩论带来大变化》一文，声称"近来，全国人民都在关心着清华大学关于教育革命的大辩论"。

"文革"时期,很多记者都写过这种政治类的"假"新闻,比如讲规章制度,我们关于抓安全生产的先进矿山的报道发出不久,又反击所谓右倾回潮,说什么已经右得不能再右了,还有什么"左"的。先进矿山的报道变成"问题报道"。这样一批,各地刚建立起来的规章制度又被冲掉了。

1976年4月5日清明节,在天安门广场终于爆发悼念周恩来、拥护邓小平、反对"四人帮"的强大抗议运动。粉碎"四人帮"的大游行,是天安门事件的延续,不同的是从抗议变成了庆贺,这是一种政治态度的表达,也是民众发自内心的真实情感的袒露。除了游行之外,我们报社许多部门都上街买酒在办公室举杯庆贺,其他单位也是这样,有的地区一度出现了酒脱销的现象。

10月22日,我收到了一份请柬,写着:"定于10月23日上午9时30分举行广东省、广州部队热烈庆祝华国锋同志任中共中央主席、中央军委主席,热烈庆祝粉碎王洪文、张春桥、江青、姚文元反党集团的伟大胜利大会,中心会场设在广州市越秀山体育场,届时请您到越秀山体育场主席台就座。——大会筹备工作办公室。"

我有点意外。后来才知道,省委决定这次大会要有各界的老中青代表上主席台和走在游行队伍的前面,曾在南方日报担任过领导工作的新闻出版界的老前辈杨奇、杜导正、李超、林里,以及时任南方日报党委书记的丁希凌应邀出席。我当时才30岁,作为青年新闻工作者的代表出席。

23日上午,庆祝大会如期举行。虽下着小雨,却依然群情振奋,与会者举着红旗,敲锣打鼓,涌向会场。大会结束后,我与丁希凌等人随着浩浩荡荡的游行队伍走出越秀山,直奔当时最繁华的中山路。但见街道两旁的建筑物上装饰一新,到处悬挂着鲜艳的五星红旗和醒目的标语。所到之处，与游行队伍相呼应的是掌声、欢呼声……

报社更为重要的是以强有力的舆论传达中央的精神，反映民众的心愿。

拨乱反正的报道成为报纸的主旋律，报社自身也在拨乱反正中前进。

我于 1970 年进入南方日报社工作，前七八年在极"左"思潮的禁锢下办报，后面几十年在改革开放大潮流中办报。粉碎"四人帮"之后，党的十一届三中全会召开，开展真理标准讨论，把我们媒体人带进了新闻激情燃烧的岁月。

二、广东恢复记者署名从我开始

"文化大革命"期间，批判记者"成名成家"的思想，新闻报道一律不准署作者名字，除非是某些理论文章。消息、通讯等新闻报道类的作品只能署"本报记者""本报通讯员"或者是"南方日报某某记者站""某某地区报道组"。

粉碎"四人帮"之后，我在四望嶂矿拨乱反正的新闻报道中写上名字，想不到成为广东第一个恢复署名的记者。四望嶂矿"文革"期间有过许多是是非非，我对这个矿的报道也惹过是非。四望嶂矿是广东省属的一个重点煤矿，"文革"期间围绕着加强还是削弱企业管理的问题一直进行着激烈的斗争。1974 年，"四人帮"以"批林批孔"之名，大刮批"回潮"、反"复旧"的妖风，四望嶂矿的造反派也遥相呼应，煽动停工闹革命，企业一片混乱，连续几个月停产，成为"老大难"单位。"文革"中被打倒后复出的邓小平，于1975年主持国家日常工作，大抓一系列整顿。广东一位省领导和省委组织部一名副部长带领工作组到四望嶂矿，协助矿党委整顿劳动纪律，强化企业管理，很快扭转被动局面。受南方日报革委常委、工商部主任黄淑儒的委派，我来到四望嶂矿采访。几天之后，《南方日报》第一版以《派性批倒了，路线端正了，生产也上去了》为题刊发了我写的报道。然而，在后来的"反击右倾翻案风"中邓小平再次被打倒，正当的企业整顿被看成是"管卡压"，四望嶂矿再度陷入混乱。煤矿企业系统也有人写大字报，说我的那篇报道是"大毒草"。

粉碎"四人帮"之后，拨乱反正的报道成为报纸的主旋律。1977年年末，我重返四望嶂矿采访，但见经过揭批"四人帮"，职工气顺劲足，企业管理走上正轨，扭转了建矿以来年年亏损的局面，首次为国家上缴了利润。我与矿通讯员满怀激情写了一篇稿介绍四望嶂矿的喜人景象。

1978年1月19日，《南方日报》第一版以《规章制度有权威生产更上一层楼》为题刊登了我们的报道，文尾还署上了"本报通讯员赖志芳、本报记者范以锦"。

当时我就想，批判记者"成名成家"批错了吧，现在强调拨乱反正，"署名"也该在拨乱反正中正名。这个我来试一下，看敢不敢把我的名字登出来。我就署上"本报通讯员赖志芳、本报记者范以锦"。谁知道稿件发回去很快就登出来了，我们的名字就上了报纸，熟人见到我就说，"你的名字在报上登出来了""可以署名了"。从此，南方日报恢复了中断多年的记者署名，广东的其他报纸也跟着恢复了记者署名。

三、被"告状"反受通报表扬

党的十一届三中全会之后，报人才真正回归到其真实位置上来。改革开放之初，我们完全处在精神亢奋的状态，不遗余力宣传十一届三中全会政策，批评阻挠十一届三中全会精神落实的思想观念和错误做法。那时候，我任南方日报驻梅县地区记者站站长，常常到公社、大队、生产队采访，住在公社简易房子里，有时还住到大队部或生产队农民家里，直接听到农民和农村基层干部强烈要求恢复生产自主权的呼声，陆续写出了一批关于落实农村生产责任制的报道。

曾有公社书记写信到报社告我的状，被"告状"的我，反而受到了报社的通报表扬。

当时，我写了一篇《不按"长官意志"办事，冬种就不能大搞了吗？》的夹叙夹议的报道，发在《南方日报》第一版。该文主要针对过去那种不尊重生产队的自主权，硬要按"长官意志"办事，由上头下达种这种那的不符合客观实际的"死任务"的做法，批评了当时农村工作"左"的倾向，联系实际有感而发。文中谈到正如农民所说："我们祖祖辈辈务农，哪有怕农民不会耕田的道理呢？"对冬种生产，农民早有习惯，并且积累了许多丰富的实践经验。他们不是不想大搞，而是希望上头少搞瞎指挥，让他们因地制宜地来安排冬种。稿件见报后，引发了很大的争论。老百姓叫好，绝大多数农村基层干部叫好，但也有人大兴问罪之师。惠阳地区有一名公社书记写了一封告状信给报社，列举了一条条"理由"痛斥我的"谬论"。他还说，现在基层干部对农业生产都没有指挥权了，农民很难管了，你范以锦还说不按长官意志办，你想干什么？

这名公社书记当时有这种想法，不足为怪。长期以来，农村工作，包括耕种这类具体的农活，种什么、不种什么、什么时候种，不仅农民说了不算，生产队长说了也不算，而是县里统一规划，公社督办，农村大队干部抓落实。当时有一种说法，只有三种人会种田：县委书记、公社书记、大队党支部书记。也有的说是两种人，因为许多大队党支部书记对这种做法也有抵触，但没有发言权。

报社领导了解情况，对这名公社书记的无理责难不仅不予理睬，还发了通报表扬了我，说我抓住了当前农村要解决的问题且抓得非常及时。

其实，当时像他这样转不过弯来的公社领导、县领导乃至更高层的领导还真不少。当时梅县地区地、县的一些领导也在议论"范以锦算什么？才多少岁，整天指手画脚、胡说八道"。他们年龄都比我大，那时我才30岁出头，但我还是坚持写，报社领导对我们都很支持，一篇又一篇关于联产承包责任制的文章见诸报端。当记者以来，这个时候才感到真正有内在的动力和激情去做好新闻工作。

四、传递省委声音使"大包干"进入佳境

"大包干"责任制在一些地方实行之后，取得了良好的效果，但有相当一部分领导干部还是想不通，说什么"辛辛苦苦30年，一夜

退到解放前"。

按当时的说法就是"两头通""中间梗塞",也就是说,高层是通的,认识比较一致,另一头,就是农村生产队长加上部分生产大队党支部书记,因为长期在农村第一线,对极"左"的危害看得清楚,有切肤之痛,因而对十一届三中全会精神非常拥护,还一再要求继续放宽政策,然而"中间"即相当一部分的县和公社领导是有抵触情绪的。

在这种情况下,任仲夷作为中共广东省委第一书记深入农村调研,发表关于"三顺"的谈话,并在报上进行宣传,传递了省委对"大包干"的态度。通过推广五华县等地的经验,广东全省的"大包干"进入了佳境。

那是1981年5月,任仲夷到梅州五华县等地考察,我就跟着他下乡。他调研了五华县农村全面实行"大包干"生产责任制的情况。他听基层干部介绍说,党的十一届三中全会以来,五华县委逐步摆脱了极"左"的束缚,抓住了"平均主义""吃大锅饭"这一长期未解决的要害问题来开刀,使全县农村发生了深刻的变化。尤其是普遍实行"大包干"后,更是收到了"吹糠见米"的效果。粮食丰收之后,有的大队农民挑着挑选出的最好的稻谷作征购粮,以狮子队、锣鼓队作先导,一路燃放着鞭炮,往粮所交售征购粮,早、晚两造的全年的粮食征购任务一造就完成了。他很兴奋,认为这对全省其他地方很有指导意义。他一边调研一边讲:现在是顺心——顺了农民心意,顺路——顺了社会主义之路,顺手——可以甩开膀子大干社会主义。我根据他的讲话精神,并结合五华县的情况写了《顺心、顺手、顺路》的报道,很快就在《南方日报》发表出来了。这篇文章传达了任仲夷和省委对当前农村工作的基本看法,实际要求各地要冲破思想禁区,像五华县那样搞"大包干"。至此,广东关于"大包干"的是是非非已有了权威的结论,全省各地农村不留死角，全面推行了"大包干"责任制。

五、分管读者来信部的日子里

南方日报读者来信部以从事批评报道著称，改革开放以来历任领导指挥这个部发表了一批很有影响力的批评报道。

20世纪80年代后期至90年代前期，黄峨曾任该部主任，后来担任南方日报社委，我曾和他共同分管过读者来信部。黄峨继承了前任的优良传统，在他的直接指挥下，读者来信部的批评报道做得有声有色。记者李棠辉写过多篇有影响力的批评报道，提任读者来信部主任之后继续写批评报道。他写的《竞争对手为何成冤家》批评的是画地为牢的违反市场经济行为的"抢肉事件"，我看了之后建议安排在头版头条，得到了时任南方日报总编辑刘陶的支持。接着，在《南方日报》上就这一事件展开了讨论，反应热烈，讨论结束后，一位副省长还写文章为这场讨论做了小结。当时中国正在迈入市场经济，所以这场讨论很有意义。

2000年11月8日，新中国第一个记者节，当时担任南方日报读者来信部副主任的曹轲登上了颁奖台，接受广东省新闻工作者协会授予的"金枪奖"称号。曹轲是1995年4月被正式调入南方日报读者来信部工作的。他原在一家刊物当编辑，在该刊物停办面临"下岗"待安置之际，他萌发了到南方日报工作的念头。办刊物的能否搞新闻？说实话，当时我们心里都没有底。曹轲的"顶头上司"对曹轲赞誉有加，极力向南方日报举荐。适逢读者来信部缺人，曹轲表示愿意到这个部从事批评报道。手续尚未办妥，他说反正那边没事干就提前一个月来上班了。也许有人会觉得他傻，要是一上班在哪个方面露了馅不招人喜欢，报社完全可以中止调动手续，到南方日报工作的希望岂不落空？但曹轲执意提前上班，可见他勇于挑战自我和对自己很有自信心。这种自信心是以实力为基础的。一个月的试用，他果然身手不凡。当时有读者举报长途汽车乱收费，票价很高。曹轲坐上长途汽车，来回转了几圈弄清了原因，写出了有一定深度的报道，对涉及领域的针砭，一针见血。接着他又深入调查研究，写了一份有关劳务输出问题的很有价值的内参。南方日报读者来信部的工作重点，一是舆论监督，二是编发内参。上任伊始，两项主要任务他都完成得很出色。正所谓"初生牛犊不怕虎"，曹轲令同事们刮目相看，于是报社加快办理曹轲的调动手续。正式调进南方日报之后，曹轲先是深入农村揭露了封建迷信活动猖獗的问题，接着采写披露了一宗招生骗局，为消费者挽回直接经济损失1500万元、潜在经济损失1000万元。到了年底，他又冒着生命危险乔装购车老板潜入粤东贩私巢穴，摸清摩托车走私的情况，进行一系列追踪报道，引起强烈的社会反响，引起高层的关注，促成了问题的解决。曹轲调入南方日报社的1995年，可谓旗开得胜，收获甚丰。当年他采写的消息《"天河"设骗局乱招委培生》获中国新闻奖二等奖、广东新闻奖一等奖，报道《花钱买牌畅通无阻》获广东新闻奖二等奖，来信调查《活人竟打死人生意，如此重罚怎堪承受》获广东新闻奖二等奖。中国新闻奖和广东新闻奖属全国和本省的新闻大奖，一人在不到一年的时间能获几个大奖，并不多见。更为可贵的是，曹轲并非"三把火"一烧就完。他戒骄戒躁，继续拼搏，连年获奖：1996年，获全国省级党报好新闻一等奖、广东新闻奖二等奖；1997年，获中国新闻奖二等奖、广东新闻奖一等奖；1998年，获第三届广东新闻"金枪奖"提名奖；1999年，获广东省"五一劳动奖章"；2000年，获广东新闻"金枪奖"。岁岁精心耕耘，年年收获有成。

在新闻从业的路上，曹轲是荣誉披身，充满耀眼的光环。可谁能知道这荣誉和光环背后的艰辛？一篇表扬稿刊发，可以说毫无阻力，而一篇批评稿的采写，付出的劳动不知比正面表扬要多几倍，更令人难以想象的是所承受的精神压力。有一次，曹轲在采写一宗诈骗案时，当事人上门来胡搅蛮缠，既来硬的一套，又施展软的一手，曹轲理直气壮，软硬不吃。对方恼羞成怒，一番威胁恫吓之后，打开手机用英语对同伙说："找人收拾他！"类似这样的威胁不知有多少回了。批评稿刊发之后，有的批评对象就造谣，说他收了人家多少钱，云云。然而，恫吓也罢，暗箭伤人也罢，都无法动摇曹轲坚持舆论监督的决心。

人民渴望舆论监督，党和政府支持舆论监督，作为新闻工作者心知肚明。每每批评报道见报后，一封封赞誉和勉励的信送到了台面上，曹轲体验到了自己的劳动得到社会的公认和尊重，对舆论监督工作更是乐此不疲。有人想找他私下沟通，他的态度是听听各种不同意见可以，但要想将本来应该见报的稿件私了，办不到！

光有批评的正义感和勇气是不够的，还必须具有批评报道正确的立场观点和良好的方式方法。新闻有学，批评有术。无论是李棠辉还是曹轲，他们写的批评报道几乎没有引起什么官司，几乎批评一宗见效一宗，这与他们有鲜明的立场观点和掌握了批评艺术有直接关系。他们所掌握的批评艺术不是从书本上抄来的，而是通过实践不断摸索掌握的。李棠辉的《批评报道的思维方式》和曹轲的《书生快意南方剑——新闻批评与新闻调查》，是他们以批评报道的实践凝就的专著。

第三章

纸上风云

一、一篇小说惊动省委常委会

我从没想到过自己会当记者,我到南方日报社之前从来没有在任何报刊上发表过文章。那个年代的分配跟现在的宽口径就业不同,国家强调对口按计划分配,即你是什么专业就分到相应岗位。因为那时大学生少,不对口分配就是浪费人才。

我被分到报社以后,记者怎么工作,开始时我一点都不了解,什么叫消息、什么叫通讯全不懂。那个时候怎么学习新闻呢?连书都没有,你要找新闻写作的书很难找到,很多老教授的书已经封掉了。那就从报纸上的"本报讯"开始学起,看"本报讯"是怎么写的,看通讯怎么写的,看人家的文章。我订有《人民日报》和《南方日报》,每天把这两份报四个版的新闻全部看完,看人家怎么写,就这样慢慢来学。

写散文和小说是后来的事。在"文化大革命"的时候不敢去写,粉碎"四人帮"到十一届三中全会后,我就开始写一点小说、散文。有一些题材我觉得还不错,可以作小说、散文来写。我觉得写通讯还是要有故事情节,要写得有点波澜起伏。写散文文笔优美一点,写小说会注意情节的构思。写散文和小说是为了提高通讯的写作水平,所以我写散文、小说并不多,基本掌握技巧了,我就没有坚持写了。没想到的是当时有一篇小说竟引起了很大的反响。

这篇小说是《落选以后》,主要关于一个公社书记,因为搞瞎指挥、强迫命令而在选举的时候落选了，落选以后他反而被委以县计划委员会主任的要职。我将小说送到南方日报文艺部，他们看了以后觉得可以，但是因为来稿多要排队，排了半年才登出来。这时候刚好碰到各个地方正在选县委书记，梅州有两位县委书记落选。这两位县委书记我都认识。作为梅州记者站站长，我跟梅州当时的地委书记、专员、县委书记、县长都是认识的。那两位县委书记落选一个星期后，我的小说就登出来了。当时有的领导认为我不厚道，"对号入座"，说我在挖苦这两位县委书记。

小说发表后，反响很大。我到民航去买票，那时候梅州民航刚刚开通，卖票的人一看到名字"范以锦"就问："《南方日报》的那篇小说是不是你写的？"那时候报纸没有那么多，你在报纸上发表了文章，很多人都知道。我的文章登出来不久，《南方日报》又在头版头条发了一篇广东省有几个县委书记落选的报道，其中有一些素材是我提供的。当时南方日报负责党建报道的编辑给我打电话说要县委书记落选的素材，我就提供了一点。后来又有几位县委书记落选。

这件事惊动了省委常委会。有些人质疑《南方日报》和我那篇小说，说这篇小说和《南方日报》的报道导致县委书记中又有几人落选。大家边议论边批评，要报社吸取教训。但由于省委主要领导很开明，常委们议论、批评一番之后，就没有下文了，更没有去追究谁。当时对这篇小说的评价有很多来信，大量是表扬的，也有几篇是批评的，其中有一篇表扬的文章在《南方日报》登出来了。像小说中石书记这样的人和事，若放在今天，可能很难找出。

附录：

落选以后

石书记落选后，已有十天不上班了。接替他的老刘多次想找他谈心，他都声称有病，避而不见。今早老刘到厨房做了一碗鸡蛋挂面，亲自送上门，也吃了他的闭门羹。

老刘是选举前才来这个公社的，情况还不熟，他向别人打听石书记得的是什么病。

"神经官能症。"资料员小李眨眨眼皮，狡黠地补充说，"'官能'的'官'字，就是那个'官瘾'的'官'。"

在场的人都会意地笑了。

在这个公社工作的人，都知道石书记平日里不光"茶瘾""烟瘾""酒瘾"都大，下乡也忘不了带上盛着酒的"行军壶"，而且"官瘾"更大。那一年，山区片成立临时性的农田水利指挥部，叫他兼任副总指挥，他嫌官职小，还闹了好几天的情绪哩！自从在"文革"中他造反夺权当上公社书记，十多年来从东到西，从南到北，调动频繁，而"书记"的头衔却从未失掉过。

可是，十天前的民主选举却使他太不顺心了。

选举前，上级一些领导曾亲临这个公社做党员干部的思想工作，还进行各种"民意测验"，对石书记的当选采取万无一失的"保护"措施。尽管这样，石书记仍然感到自己的权威面临严重的挑战，可不能掉以轻心。他一连找了几个"心腹"摸底，他们都恭维："书记，你走南闯北，敢冲敢闯，战功显赫，谁人不知。你若选不上，还有谁能选得上?"一番话把他说得乐滋滋的。

但是,他还有点心神不定,"对立派"的态度如何还不晓得呢?对了,柳二大队党支部书记老房最有代表性。本来他对老房的印象是不坏的,只因有一次公社召开三级干部会议,石书记作报告前连别人起草的讲稿也不细看一遍,加上笔迹不清,他竟将"一唱雄鸡天下白",错念成"一唱雄鸭天下白"。坐在旁边的老房赶忙纠正:"是'鸡',不是'鸭'。"石书记却板起脸孔训斥:"你懂什么?'鸡'和'鸭'还不是一样,反正都是'三鸟'。"惹得台下哄堂大笑。事后,还有人编成笑话传播。石书记十分恼怒,心想,若不是老房多嘴多舌,也不至于把笑话越闹越大。他甚至还怀疑是老房有意要出他的洋相。从此,他对老房左看不顺眼,右看也不顺眼,还常常借故整他,两人的关系愈来愈僵。

那天,石书记找到老房说:"我准备下台,到你那里当社员好啦!"老房接过话茬:"我那小庙怎能供得了大神,你还是当你的书记,我们会叫你下不了台的。"

石书记一听到前半句话,立刻喜上眉梢,后半句他根本不明用意,便拍着老房的肩膀说:"最近准备从大队支部书记中吸收一两名国家干部,好好干吧!"

于是,石书记得出结论:全票当选不可能,九成的票数那是"三只手指捡田螺——十拿九稳"。书记的宝座,笃定泰山。

谁知十天前的选举只得了一成的票数,他在主席台上如坐针毡,浑身上下热一阵,冷一阵,脸都不知朝哪里放。他突然醒悟:啊!那"搅屎棍"倒真叫我下不了台。他又气又恼,选举一结束,除一天三顿饭外,房门也不愿出了。

选举后的第二天,经过深思熟虑,他给县委写了一封信:

"我这次落选的主要原因是,这里的干部和群众思想落后,歪风邪气盛行,我一向敢抓敢批敢斗,得罪了不少人。远的不说,就说去年吧,有的队搞什么'调整布局',压缩水稻面积,实行花生、水稻轮作,这不是瞎胡闹?我当机立断,带了几个干部,把刚播下的花生铲了,保证了上级下达的水稻种植面积的完成。长期以来,我与上级同心同德,执行领导指示从不含糊。但是,有的人妒贤嫉才,又不光明正大,在选举中'背靠背'议论了我一大堆缺点,这样的人身攻击,怎能令人容忍?当然,反对我当选的,也有相当一部分是党性强的好同志。他们知道我曾多次向县委打报告,要求调到县委机关工作。他们有意不投我的票,好让我落选调回县吧……"

唉!信都寄出七八天了,还杳无音讯。莫非真的叫我"削职为民"吗?石书记脸上布满阴云,不敢再往下想了。

"咚!咚!咚!"一阵敲门声打断了他的沉思。接着传来小李的声音:"石书记,你的电话!"

"哪来的?"

"县委组织部。"

"啊!"石书记猛地从床上弹了起来。他连拖鞋都来不及穿,就急匆匆冲出房门,跑到电话室。

"喂,组织部,哦,梁部长,你好!……调到哪里?县计委,好!好!什么职务?主任?好!好!我没意见!共产党员嘛!绝对服从组织分配。五天之内报到?用不着那么长,党的干部要有雷厉风行的作风,明天我就去……"

石书记舒了一口气,走出电话室,心上的石头终于落了地,紧锁的眉头展开了,嘴角上挂满了笑意。他神气活现地嚷道:"小李,快给我收拾行李,我要上调当计委主任了。"

最后那句话,他是放开喉咙喊的,担心院子里的人都耳聋了。

(见 1980 年 11 月 5 日《南方日报》)

二、出奇顺利和圆满的批评报道

舆论监督难,难就难在采访阻力大,不易拿到核心信息源;难在曝光之后,相关单位互相推诿,整改难。然而,我在20世纪80年代进行的一次舆论监督是出奇的顺利并取得了圆满的效果。这与当时的社会政治生态环境和各级领导的支持有关。

那是1984年8月,广州市黄埔区通讯员黄晨光提供了黄埔港在粮食转运过程中浪费惊人的报道线索,我与他一起通过数天的采访很快弄清了情况。黄埔港口,是我国的进口粮食转运点之一。这里设有一个粮油转运站,是广州市粮食局的下属单位,它的业务范围是按中央下达的接粮任务和省下达的分配计划,在黄埔港务局等单位的配合下,接转粮油到省内外各收货单位。据市粮食局转口办公室的统计,从1979年至1984年上半年,黄埔进口粮转运点共接转进口粮食62.8亿斤,损耗1.1535亿斤,经济损失1815万元,那个年代这笔数字称得上重大亏损。在接运过程中不可避免出现损耗,国家规定的是千分之四的损耗率,扣除这一合理的损耗部分,超亏仍高达9023万斤,而且一年比一年增多。国家花大笔外汇进口粮食却受到如此糟蹋,实在令人心痛。最大的漏洞出在港口粮食进出仓无计量,给骗取粮食的人钻了空子。还有内外勾结,监守自盗。调查完之后,我与黄晨光写出了批评报道《上亿斤粮食是怎样损耗的?》。同一天,《人民日报》在《今日首都和各省市区报纸要目》专栏摘要登了这一消息。

从批评报道的第二年即 1985 年开始，黄埔进口粮转运点每年至少减少粮食损失上千万斤，并扭亏为盈，年利润达 200 万元。

采写这一批评报道本应难度很大，解决问题更难，因为这不只是粮食部门的事情，它牵涉到港口、商检、运输等 10 多个部门共 30 多个单位，牵涉到省、市有关部门和中央的直属企业。而且，此事拖了几年，怎么有可能那么快解决问题？然而，从采访到取得成效，我有几个想不到——

想不到，无论我们走到哪一个单位都受到热情接待，都有人如实地向我们介绍情况。当时没有小车坐，我和黄晨光靠的是两条腿和两个轮子（自行车），采写过程艰苦，但挖掘材料不难，只要不涉及办案机密问题的材料，公安机关也毫不隐瞒地向我们透露。我们的报道有理有据，材料很充分，与各单位的积极配合采访分不开。

想不到，各相关机构都动起来了，连报道中没有点名的、关联度不太大的单位也主动协助做好整改工作。想不到，见报的当天，时任广东省委第一书记做了批示，指出要作为一个重要事件进行检查。正在北京参加交通部、铁道部、商业部联合召开的粮食安全运输会议的人员看了《人民日报》的要目之后，立即在会上热议开来。交通部海洋局的负责人在会上总结时指出这个问题的严重性，接着他们给黄埔港务局发了电报，要他们到南方日报社、黄埔粮油转运站听取意见，深入检查粮食损耗的问题，及时向交通部和地方政府写出书面报告。黄埔港务局主要领导也会同有关部门多次研究，凡涉及港口的问题均抓紧整改。广州市粮食局认为这个问题牵涉到好些单位，作为主管粮食的部门是有责任的。他们充实加强了下属的黄埔粮油转运站的领导班子，派出工作组驻站抓管理工作，并与相关单位协调，在各个环节防漏补漏。可以看得出几乎所有相关单位对批评报道都很重视，不推脱责任，积极解决问题。

更想不到，南方日报社还因这篇批评报道而受到表彰、奖励。到了1986年上半年，黄埔粮油转运点粮食损耗的问题已圆满解决。8月中旬，在广州举行的总结会上，南方日报社和其他有功单位一起受到了表彰和奖励。8月15日，我回访了几个单位，他们认为严重损耗问题的扭转，是各有关部门、有关单位通力协作的结果，而报纸的批评则起到了积极的推动作用。对待舆论监督有两种态度：一种是置之不理，或互相扯皮推卸责任；另一种是闻过则喜，把批评当动力。的确，如果没有报纸的批评，如果没有被批评者虚心接受批评的态度，黄埔粮油转运点的问题是不可能这么快就圆满解决的。

这些年，谈到舆论监督的手法往往会想到"跨区域"和"卧底"。如果地方政府都能敞开大门，欢迎本地记者监督并积极整改，我们的记者还有必要跨区域去搞舆论监督吗？如果各类机构都能如实向记者介绍情况、披露真相，我们的记者还会冒着风险去卧底吗？

附录：

上亿斤粮食是怎样损耗的？
——黄埔进口粮食转运点剖析

触目惊心的损耗数字

黄埔港口，是我国进口粮食的转运点之一。这里设有一个粮油转运站，是广州市粮食局的下属单位，它的业务范围是按中央下达的接粮任务和省下达的分配计划，在黄埔港务局等单位的配合下，接转粮油到省内外各收货单位。据市粮食局转口办公室的统计，从1979年至今年上半年，黄埔进口粮转运点共接转进口粮62.8亿斤，损耗达1.1535亿斤，经济损失1815万元。

进口粮在接运过程中不可避免地会出现一些损耗，国家为此规定了千分之四的损耗率，扣除这一合理损耗部分，超亏仍高达9023万斤，而且损耗率一年比一年增大。请看：

1979年损耗率为千分之九点六；

1980年损耗率为千分之十点三五；

1981年损耗率为千分之十四点二三；

1982年损耗率为千分之十五点四九；

1983年损耗率为千分之二十一点零一；

今年上半年，初步统计损耗率为千分之二十五点二。

国家花大笔外汇进口粮食，却受到如此糟蹋，实在令人心痛。

问题出在哪里？

从54万斤粮食被骗取看漏洞

最大的漏洞出在港口粮食进出仓无计量。

最近，广州市公安局黄埔分局和市粮食局纪检部门，在调查一个案件时，发现某县有一间粮所的某些人骗取了黄埔进口粮转运点的粮食54万斤。

他们为何能骗取如此巨额的粮食？事情就出在进出仓无验斤计量。

1979年黄埔新港建起了圆筒仓，接转粮油的点设在这里。圆筒仓投产以来，加快了装卸速度，有利于接转计划的完成。但是，由于计量设备未安装就简易投产，粮食进出仓无验斤，给盗窃分子钻了空子。如小麦运往各发货点，按船队自报的吨位装货，或者看船上划好的"吃水"线，来确定运载重量。有的船队和接货单位，虚报船的吨位量，或者装粮时，有意侧重一边，使"吃水"线的另一边上浮，超载粮食。台山县有一个船队123名船员，采取这种办法，多次串通作案，盗窃小麦20.8万多斤，其中有一人作案六次，盗去小麦4410斤。

类似的例子还有。某县那个骗取了54万斤粮食的粮所，正是使用类似的手段，将超载的粮食侵吞的。按规定，收货点收货验斤之后，要如实将数字报给发货点，多还少补。但该粮所的某些人却瞒报。如去年4月初，实际收货17.88万多斤，但报给发货点的数量却是17.31万多斤，从中侵吞5700多斤。到了该月的中旬，又侵吞4200多斤。就这样，从1979年底至去年9月，该粮所侵吞54万斤进口粮，有相当一部分已从粮所转出，以高价倒卖。

从一些地方查获的案件来看，超载的粮食往往被个人盗窃走，或以集体名义转到别处倒卖，赃款作"奖金"集体私分，使国家蒙受重大的经济损失。

监守自盗者为何能过"三关"

去年10月间，黄埔港公安分局破获了一宗监守自盗案。案犯是黄埔粮油转运站职工刘源泽（已法办）。他从去年6月至9月间，雇用或勾结汽车司机，五次进入港口仓库，运走五车小麦，共计4.06万斤。

港口的粮食管理本来是有一套严密的制度的。进口粮到港之后，保管和发货都由黄埔港务局港口仓管员办理。黄埔粮油转运站派出生产班配合港务局做好检查督促工作。刘源泽是生产班的副班长,对提运粮食的各个环节一清二楚,盗窃粮食比较容易。但只要粮油转运站和港务局双方严格执行各项规章制度,盗窃分子也是无法得逞的。因为提运粮食必须过"三关":一是持入港证明,才能进入码头;二是必须持入仓通知单,才能进入仓库提粮;三是必须持仓管员写的放行条,才能将粮食运离码头。然而刘源泽如入无人之境,顺利地过了"三关"。原来,他乘黄埔粮油转运站制度不严,偷窃了一批盖有转运站公章的入仓通知单。

他作案时,在入仓通知单上填好提粮数量交给同案人,约定时间入仓提货。他还偷窃了盖有粮油转运站公章的入港介绍证明,使汽车直开港口仓库装货。有一次,他在附近找到一辆货车,连入港证明手续也未办,只对港口门卫说:"我们单位进码头运小麦。"门卫不验证,就让汽车开了进去。仅这一次,就给刘源泽偷运了42包小麦,共8400斤。由于黄埔港务局码头仓库办公室的工作人员思想麻痹,货物出港证放在抽屉里不上锁,而刘源泽他们的生产班和仓库办公室又是在一起办公的,这就使刘源泽能够掌握内情。他几次作案选择在中午,趁大家吃午饭离开办公室之机,轻而易举地偷了抽屉里的货物放行出港证,使偷来的粮食,顺利运离港口码头。

最近,广州市公安局黄埔分局在市粮食局纪检部门、保卫科的配合下,又破获了一宗监守自盗案。案犯是黄埔粮油转运站的司磅员郭土胜(已法办),他采取与刘源泽基本相同的作案手法,伙同同案人驾驶拖拉机,盗窃运走小麦18包,重3060斤。

这种情况说明,内外勾结盗窃粮食,这是造成粮食损耗的原因之一。而那些盗窃者之所以能顺利通过各种关卡,则与黄埔粮油转运站以及黄埔港务局港口码头的一些规章制度不严密切相关。

亟须解决的问题

黄埔进口粮转运点的粮食损耗情况，已引起有关部门的重视，有的已对有关问题抓紧处理。但事情远未了结，目前粮食损耗率仍继续上升。有几个问题亟须解决。

第一，必须建立一个强有力的指挥机构。进口粮的转运工作，不只是粮食部门的事，它牵涉到港口、商检、运输等十多个部门，牵涉到省、市有关部门和中央的直属企业，必须有一个强有力的指挥机构，调节各方面的关系，才能协同作战，切实做好这项工作。过去，广州曾设有一个由市委一位负责同志担任组长以及有省、市有关部门的领导同志参加的领导小组，下设转口办公室，由市粮食局派人组成。这几年随着机构改革，人员的变动，除转口办公室仍存在之外，领导小组已变成虚设，没有开展工作了。粮食转运工作中出现的问题，不能得以及时解决。从事粮食转运工作的同志呼吁，这项工作不仅不能削弱，而且应当比以前更为加强，要迅速落实领导小组的人选，切实开展各方面的活动。

第二，港口的计量设备要迅速投入生产。1982年以来，交通部已先后拨款100万元给黄埔港务局安装计量设备。1982年下半年黄埔港务局委托有关单位完成了电子磅秤的制造任务，并于去年初在港口安装了四台电子磅秤，但由于某些技术问题尚未解决，至今未正式验收使用。目前，黄埔港务局正组织人员攻关，预计今年第四季度可投产，投产之后，入仓的计量问题可望解决。至于出仓计量，虽已安装一台机械磅秤，但也仍未投产，即使投产之后，出仓计量也只能解决一部分。而出仓发货不计量，又是造成损耗的重要原因。这个问题不彻底解决，粮食损耗责任不清，给盗窃分子可乘之机，粮食严重损耗的问题将继续存在下去。

第三，各有关部门要认真抓好整顿，进一步健全各项规章制度。黄埔粮油转运站多次发生监守自盗事件，与用人不当和规章制度不严有关。盗窃分子刘源泽多年来有小偷小摸行为，职工背地里叫他"贼仔"。1980年8月间，他曾冒充站长的名义，批给一个大队麦糠3000斤。这些情况站里的负责人是知道的，却让刘源泽在生产班任副班长，在粮食接运的重要岗位上工作。据了解，站里的几位负责人，业务都不熟悉，个别人不管事，私心重，并有受贿行为。站里管理混乱，长期没有解决。这样的领导班子是很难担负起接运粮食这项重要工作的。市粮食局已派人调查做好整顿工作。

为防止今后再发生盗窃事件，除了黄埔粮油转运站和港务局要进一步健全规章制度，做好防范工作之外，运输等部门也要做好这方面的工作。过去，转运进口粮，运输部门挑选运输工具好、人员素质好的船队专运。现在多渠道运粮，有的地方不顾运输是否安全，人员素质是否好，随意派船，漏洞甚大。从事转运工作的一些同志建议，各地固定派运粮的专用船只，并由接粮单位派人随船押运，以确保粮食安全运达目的地。

（见1984年8月8日《南方日报》）

三、应人民日报之约抨击"乱"语

2010年11月下旬，人民日报编辑给我发来约稿函：

范老师，您好！

首先非常感谢您的宝贵支持！我是人民日报编辑，我们"观点版"头条《时事观察》栏目（人民日报第六版）想就"公众人物，如何用好话语权"，请您发表观点、提出建议（1600字左右，12月5日给我就行）。以下是一点资料和粗浅设想：

2010年11月20日，×××在微博上发表一篇70个字文章："网络是一个厕所，大家来泄私愤，私愤多了，就变成了公愤，网络也变成了公共厕所。"这短短的70个字仿佛70个网络炸弹迅速在互联网上引爆。几小时内，几千条评论就向×××涌去。×××"微博门"在网络上引起轩然大波……

11月24日，在接受电视台采访、评论重庆公安局局长的"双起"讲话的时候，×××说："每年放假的时候我都告诉我们的学生，防火防盗防记者。我没有说防火防盗防警察，记者现在是我们国家一大公害。"

11月2日，"如果没有我们这些县委书记这样干，你们这些知识分子吃什么？"江西省万载县委书记在饭桌上对中国社会科学院农村发展研究所教授于建嵘说这句话，被于建嵘发在微博上，迅速蹿红网络。万载县委书记的态度则是"冷处理",并称"我虽委屈但无愧"。

……………

上述事件,都引发普遍争议,也都提出一个现实问题:在当下信息高速传播的新媒体时代,作为对他人施加影响的"活跃分子",公众人物对社会意味着什么?又肩负着哪些公共责任?他们如何珍惜自己的话语权,又该如何用好自己的话语权?

接到约稿函后,我随即动手写稿发往人民日报编辑部,很快就在《人民日报》第六版头条刊发出来。

附录:

"高端"人士,请你别"乱"语!

公众人物,顾名思义就是能凝聚公众注意力的人物。如果按基础素质来分的话,可分为高、低端两大类。一类是本身素养比较低,但通过低俗炒作博取了公众的眼球一举成名,使自己迅速进入公众的视野,可称为"低端"公众人物。另一类是身居特殊岗位,或在某个领域颇有成就而备受公众关注,可称为"高端"公众人物。

"低端"公众人物,根底浅,虽不乏起哄围观者,但无崇拜者,在公众心目中无非是过眼云烟。围观者图一时痛快,逐渐会对无聊之举产生视觉疲劳,日后也不会留下多少记忆。比如"凤姐",其找配偶开出的条件令人咋舌,这种与其自身条件强烈反差的"雷"人之举引起公众的好奇,并被网络迅速传播,成了火爆的女"明星"。"凤姐"自称只是"混口饭吃",这是她个人的生活方式。多元的社会人们各自有不同的价值观是可以理解的,而且"凤姐"开口闭口讲的都是生活琐事,没有多大的破坏作用,社会还能承受。如果她属于心理学家说的"病态型自恋人格",则值得通过抚慰帮其走出误区。因此,对其个人无须过多指责,需要抨击的是不顾社会责任而介入事件进行推波助澜的媒体。

"高端"公众人物与"低端"公众人物迥然不同,他们有较深厚的公众基础,有民众的信任和期待,其一言一行传播快,社会影响也大,理应成为公众道德的标杆。要是他们抛弃了道德的底线,触动了公众的敏感神经,往往会引发强烈的舆论反弹,而且有些人的"雷"人话语绝非琐碎事,涉及大是大非问题,势必陷入"口诛笔伐"的旋涡中。

"高端"公众人物包括三大类。一是具有官方背景的人物,也就是我们常说的政府官员。当然并非所有政府官员都是公众人物,这里指的是经常出头露面,为民众所熟识的官员,或在某一热点事件中凸现在公众面前的官员。二是学者,他们知识丰厚,在学术领域颇有造诣,弟子满门,名声远播。三是分布在各行各业被公众认可的有特殊技艺的人才或冒尖人物,如知名艺人、企业家等。

这三类人中,第一类人物由于其身份特殊,人们往往视其言行为职务行为,将其言行中体现出来的职业精神、职业道德与其所在单位的风气联系起来思考;也正是官方的背景,还会与党和政府的形象联系在一起。一旦出现反常的言行,不仅有损自己和其所在单位的形象,还会损害党和政府的形象,造成恶劣的社会影响。第二类,为人师表的学者应该有严谨的思维方式、良好的学风和人品,肆无忌惮地"乱"语,会在公众心目中降低其学术水平。第三类人物,头顶光环,但如果有恃无恐地大放厥词，其原有的成就和桂冠也无法抵挡公众舆论的"声讨"。第二类、第三类人物，如果"乱"语无疑会失去一批景仰者。然而，原本他们就是事业的成功者，因此不乏崇拜者，其言行举止会潜移默化地影响着追随者。也就是，在盲目崇拜中会效仿偶像，晕头转向跟着"师傅"狂热鼓噪。衍生开去，非理性行为与日俱增，这将是社会的悲哀。在社会转型期，各种社会矛盾突出，浮躁浅薄解决不了问题，社会需要更多的理智者。"乱"语不能成为社会的减压器，"乱"语只能添乱。

有些公众人物受到舆论批评时，会轻松地说一句"我只是调侃"。问题是，你的调侃是幽默还是恶心？不错，生活须娱乐，娱乐有调侃，调侃要幽默。不幽默的调侃，不是乏味就可能是恶心。我曾经在微博上说过："政治话题严肃点，生活话题轻松点，搞笑话题幽默点；严肃话题撞出思想火花，轻松话题积淀人生经验，幽默话题舒筋活络益寿延年。"笔者也喜欢幽默、喜欢调侃，但反对无原则的调侃。如果全然不顾他人的感受、不管公众舆论、不讲公共道德，用污辱性的语言去对着一个人、对着一个群体、对着一个单位，这还称得上"调侃"吗？本是一个严肃的话题，却以"调侃"为名"排泄"秽物，公众还能忍受吗？在网络时代，网络舆论比传统传播手段放得开，但也并非可以为所欲为。我们喜欢网络的宽松环境，作为有影响力的公众人物要身体力行维护好这种良好环境，而不是将其恶化。

这里不排除某些公众人物，原有的资源用完了，底气没有了，不甘寂寞，却又不愿花真功夫积聚力量。于是，便想走偏门，隔三岔五地放出"雷"语。或许，还真有的人想利用公众人物的话语权谋取一己之私。然而，"高端"人士的"乱"语与"低端"人士的低俗炒作之间，并没有不可逾越的鸿沟。口出狂言多了，实际上已把自己推向了低俗炒作之路,"高端"公众人物的身份也会衰败。所以,我还是诚恳地说一声:"高端"人士,请别"乱"语!

(见 2010 年 12 月 9 日《人民日报》)

第四章

南方报业战略

一、多品牌滚动发展催生南方三大报系

2015年9月4日，新华网客户端发表的评论《读报：南方报系新起点上再发力》，作为权威媒体，能把"南方报系"的概念光明正大端到公众面前予以认可，我认为还是难能可贵的。

"南方系"的称谓，有各种各样的说法。我能说清的是其概念的源头，因为我是见证者。

网上有这样的说法，"南方系"起源于南方周末，扩展到南方都市报和南都周刊（也有说是21世纪经济报道）。后来又将从南方报业离开的人称为"南方系"成员，就连几大门户网站因为南方报业有人投奔过去当了总编、总监、频道主管而被"株连"为"南方系"同僚。"南方系"称谓的兴盛期是重庆"唱红打黑"热火朝天的年代，对重庆的做法稍微表达一点不同声音的80家媒体都被某些群体划归为"南方系"。从此，只要发表大体相同的看法、持有某种相同理念的媒体群体乃至机构就被"反方"称为"南方系"了。

"南方系"在被无限类比中被偏离放大！

"南方系"在被妖魔化中贴上了特殊标签！

其实，"南方系"的概念源于南方报业的经济发展战略，最早成立"系"的是南方报业的21世纪经济报道，而不是南方周末。

人民日报原社长、中华全国新闻工作者协会原主席邵华泽为我的作品《南方报业战略》写的序言中有这样的表述："2003年，范以锦提出了'报系结构'的概念，首先是培育出品牌报纸，以品牌报纸为龙头成立报系来孵化新的子报。这无疑是报业战略运营和品牌战略的又一发展。"

2002年10月12日，"第四届中国国际高新技术成果交易会"在深圳开幕，我以南方报业社长的身份在当天下午举行的峰会上发表了《国际化背景下的媒体多品牌战略》的演讲，公开宣布南方报业实施媒体多品牌战略。尽管确立了我们的战略目标，但如何以良好的组织结构和运作模式来保障目标的实现，当时我还没有成熟的思考。

为什么要提出"多品牌发展"战略呢？

当时是这样：羊城晚报社发展起来之后，南方日报社经营越来越困难，广州日报社后来起来了，南方日报社陷入了更大的困境。在这种情况下，南方报业面临一个问题，就是以什么方式突围才能走出困局。

在历届领导和员工的努力下，我们有了《南方周末》，有了《南方都市报》，有了《21世纪经济报道》等报刊。这些报刊都有一定影响力，我们当时称这些报纸为名报。我担任主要领导之后就考虑一个问题，如果现在跟兄弟报社竞争，单单靠南方日报社的资源去竞争，肯定是竞争不过别人的。那我们要怎么竞争呢？肯定是多种品牌，就是我们应该多个拳头出击，不能停留在"一枝独秀"的水平上。

当时，广州日报、羊城晚报都是一枝独秀，南方报业仅靠南方日报很难"一枝独秀"，因为在广州日报和羊城晚报两大报业的夹击下，南方日报在广州的地盘已经越来越小。在这种情况下，我们必须打造多种报刊品牌进入市场去竞争，这个基础已经有了，有《南方日报》《南方都市报》《21世纪经济报道》三家报纸，但我们过去的概念就是把这三家报纸称为名牌报纸。

名牌与品牌内涵是不同的，报纸品牌的持续忠诚度、对受众的吸引力，比名报还是有质的差异，所以我就想我们必须将名牌报纸打造好，要把它的质提升，提升为品牌报纸，要维护、打造得更加靓丽，而且靠一个品牌不够，我们还必须有多品牌。于是，在原有的基础上，我提出"多品牌"，我们要跟广州报业和羊晚报业竞争，要在广东的报业市场占有一席之地，时机成熟后，还要将多品牌的触角延伸到外省去。

怎么才能够让多品牌战略实施呢？必须有一个组织系统，我当时提出了"报系"概念。最早的报系是"21世纪经济报道报系"，简称"21世纪报系"。有一次，与21世纪经济报道负责人聊天，他们说我们现在有了《21世纪经济报道》，下面又办了这个或那个项目，而且还有子报、子刊，如果继续由21世纪经济报道来领导，管理上也会有问题。我就说叫"21世纪经济报道报系"吧，有个报系的组织结构，然后把管辖的各项目都统到这个报系里面来。《21世纪经济报道》是这个报系的核心。所以，"21世纪报系"就是最早的报系，后来拓展到"南都报系""南周报系"三个报系。三大报系成为南方报业业务管理和业务扩张的三大平台。各报系利用其龙头报纸的品牌优势和人力资源、发行资源、广告资源打造系列产品，不断发展新项目。其中影响比较大的动作有"南都报系"代表南方报业派出队伍跨区域与光明日报联合创办《新京报》，"南周报系"成立后成功创办《南方人物周刊》杂志。

光有组织结构不行，还要有发展模式。当时我就提出了"龙生龙，凤生凤"的口号，实施这种滚动发展模式。后来有人说："'龙生龙，凤生凤'，搞了那么多公司。"我觉得这与我讲的不是一回事，"龙生龙，凤生凤"讲的是优生优育，龙生龙——生的是龙不是蛇，凤生凤——生的是凤不是乌鸦。搞那些没有用的东西，这不叫"龙生龙，凤生凤"。

什么是龙？什么是凤？《新京报》是吧！新京报社成立以来，无论办报还是经营都产生了良好效益。我们开始时投资才900万元，后来又借了2000万元，但很快还给我们了。第一年、第二年亏，第三年就开始分利润了。几年间共分得利润1.6亿元，加上后来出让给北京市的转让费2.9亿元，共获利4.5亿元。

"龙生龙，凤生凤"，当年的《南方人物周刊》也应该是吧！这个要生出来有用才行啊，优生优育，不是随便搞个东西就是"龙生龙，凤生凤"。

由南方日报发展起来的集团，先后被称为南方日报报业集团、南方报业传媒集团，简称为"南方报业"。三大报系运营，使南方报业从各自单个媒体品牌提升为整体的南方报业品牌。从此，"南方报业"、"南方报系"（南方系）的称谓被交替使用。

这个过程中，也是"报办集团"到"集团办报"的过程，它是一个观念的转变。

在"报办集团"时期，这个集团是南方日报社办的，下面的南方都市报、南方周末等一系列的报社是南方日报社的"儿子"。既然是"儿子"，养"儿"防老嘛，南方日报社经营得好不好、走不走市场没有关系，有"儿子"来养。

后来我就提出一个观念，南方日报社作为党委机关报社也要走市场，市场面前，报报平等。但是，任何时候南方日报的政治地位都是第一位的。集团所有报社当中，南方日报社在政治上是龙头老大，要把控整个集团的舆论导向，起到引领潮流的作用。这个地位是不能动摇的。在走市场方面，进行考核方面，要报报平等。这有利于南方日报社的发展壮大。因为我觉得，机关报不走市场，不形成强大的社会影响力，可能最后没有人买你的账，你这个老大地位是巩固不了的。

这在社会上引起了比较大的反响，而且我们有具体措施，具体措施在哪里呢？

我们过去说《南方都市报》《南方周末》是《南方日报》的子报，我们现在不这样提了，我们叫南方报业的系列报，系列报里面有《南方日报》，有《南方周末》，有《南方都市报》，还有其他报，但南方日报社是龙头老大，那个没有问题。所以，后来不会将系列报刊叫作《南方日报》的子报子刊了，报社的员工都不习惯这样叫了，但以前是这样叫的。

采取的措施还有南方日报社独立核算。以前老说南方日报社亏本，它怎么会亏呢？南方日报社没有独立核算，把集团公共架构各种开支、离退休人员待遇的开支等全部摊到南方日报社的账上，哪有不亏的？后来改了，南方日报社独立核算，这样就很明晰了，南方日报社并没有亏损。如此，南方日报社也逐步建立比较完善的绩效挂钩制度，激励员工改革创新。

二、与光明日报合作办报，《新京报》一纸风行

新京报社曾出过一本书，讲了创办的全过程。我这里从我们南方报业领导班子决策的过程谈一谈。

在"龙生龙，凤生凤"的滚动发展模式下，南方报业对外扩张的

欲望越来越强烈。"21世纪报系""南都报系"等报系也不满足自身的平台，总想到外面发展。从国家层面来看，刚跨入新世纪，即《新京报》创办前两年，国家有关部门提出可以跨媒体跨区域跨行业发展。国家有这个政策和导向，我们有这个思路，南方都市报等报社更有对外扩张的欲望。

走出去该往哪里走？第一个想法，不是在北京，而是在上海。当时上海文新集团想跟21世纪经济报道合作，21世纪经济报道也很希望在上海找到发展的平台。

然而，进入上海并不顺利，我们就想转战北京。后来就出现我们集团派南方都市报团队进京与光明日报报业集团合办《新京报》的事了。南方都市报当时考虑，在广州的报业市场竞争处于一种快接近饱和的状态下，原有的平台很难再做大了，南方都市报储备的一批有新闻理想及有新闻采编和经营经验的报人，需要找到新的发展空间。从我们集团班子的角度来看，南方报业的发展也要找到新的利润增长点。

光明日报有份报纸《生活时报》，长期办得不好，光明日报报业集团就想把它进行改造。时任光明日报报业集团总编辑袁志发听了曾在光明日报驻广东记者站当过站长的人员的汇报，达成了共识：与南方报业合作，把南方都市报的团队请进来。南方都市报几位负责人都有合作的强烈愿望，我和袁志发都表示支持，并分别召开班子会议，通过了光明报业和南方报业合作办报的决定。

制定具体方案时，我和分管南方都市报的副总编辑王春芙曾经带队去光明报业跟他们一起谈。商谈的结果是：光明报业占51%的股份，南方报业占49%的股份；资金由我们出900万元，对方出1100万元，一共2000万元的资金。谈得非常好。当时涉及很多细节问题，大家都顾全大局，大的原则讨论透彻，小的问题互相让步不斤斤计较。他们出刊号、场地，我们充分发挥人力资源优势，派了250多人过去，其中采编及行政、发行、广告等方面的高管有十多人。时任广东省委副书记兼省委宣传部长对我们与光明报业的合作给予高度评价和支持，他还派了广东省委宣传部副部长跟我一起到北京去看望新京报的员工。他在电话中对我说，这是个非常好的事，支持报纸跨媒体跨区域发展。他有几句话我们还登在报上，说《新京报》的创办"不仅对探索有中国特色的新闻事业有着重要的意义，而且对广东正在进行的建设文化大省的工作是一个推动"。他希望南方报业与光明报业紧密合作，做大做强报业，为发展新闻事业做出更大的贡献。他的这些话，光明报业和南方报业的领导层、南方都市报的管理层，都是非常认同的。

北京方面，新闻出版总署和中宣部都先后表示支持。

讨论报名时叫作"北京时报"，后来改为"京报"，邵飘萍曾办过，但因北京日报报业集团就简称为"京报集团"，容易混淆，最后新闻出版总署的领导和中宣部领导拍板，就叫"新京报"，加了个"新"字。应该说当时管理部门是非常支持的。

新京报社是由光明报业与南方报业共同创办的，再加上南方都市报团队进行具体操作。大家经常说新京报是南方都市报与光明报业合作办的，但后来因南方都市报发生的一些事件，光明报业那边就提出来了，强调是与南方报业合作，不是与南方都市报合作，并认为南方都市报是南方报业下面的系列报，强调与南方报业合作比较对等。尽管这样，在业务交流和资源共享方面他们一直有沟通。所以，这个项目前期派了南方都市报的团队去做，把理念带过去。当然，也是南方报业和光明报业共同培育的结果。

新京报社创办之初，南方都市报的总编辑兼了新京报总编辑，南方都市报的总经理兼了新京报总经理。为了把报纸办好，光明报业当时强烈要求他们兼职。

令我感到钦佩的是，光明日报报业集团总编辑袁志发在合作过程中表现出来的胆识和勇气。他比我大两岁，当时已近花甲之年，本可以少管"闲事"了，但他仍以浓厚的改革意识和改革的紧迫感，致力于新京报社的筹办。没有他内内外外的沟通和果断拍板，以及光明日报报业集团班子的理解和支持，是办不成的。当碰到一些具体的合作事宜扯皮时，赵德润副总编辑说出了这样的话："我们着眼于长远，着眼于大局，不在小枝节问题上纠缠。"具体分管新京报的社委老薛，也对新京报倾注了不少心血。

作为南方报业跨区域经营的倡导者、决策者，我一直在思考跨地域经营的生态环境问题，在集团内部提出了南方报业异地办报的四项原则：

（一）党的十六大提出加速构建全国统一市场，大力推进市场对内对外开放，这其中也应该包括全国性的报业市场，中国报业面临跨地域发展的重要机遇。南方报业在跨地域办报方面要走在全国前列，我们要进一步解放思想，积极探索跨地域办报的可行道路，切实解决事业发展瓶颈问题。

（二）跨地域办报要立足于集团的核心能力适度推行。是否做出跨地域办报的决策，取决于集团具备两方面的条件：有没有充裕的资金启动，有没有充足的人力资源储备。有资金有人才，才能稳妥地实施扩张。

（三）选择异地经营的地区，应综合考察该地区的政治、经济、文化和社会发展现状，重点考察该地区的传媒市场开放程度，发行、广告市场的现实容量和发展潜力，特别是该地区是否存在足够规模的与南方报业办报品位相适应的高素质读者群。

（四）为规避风险，跨地域办报应采取与有条件的当地媒体合作的方式。根据现有的国情，跨地域办报不能找那些当地背景脆弱的报纸来合作。要选择那些有资源、有实力，与南方报业能形成优势互补、具备足够合作诚意的当地优质媒体，强强联合。而且一定要办好手续，规范进入。

我们当时就看到，有个别媒体打擦边球，以各种方式悄悄跨区域发展，但由于未经官方认可，风险很大，事实上有的媒体在进入到某些地方时就受到"地方保护"的阻击，不得不撤退。作为南方报业来说，不希望小打小闹，一定要做出规模、做出气势、做出成效。因此，南方报业以及南方都市报管理层都明晰，为防止因未批准擅自进入而被封杀的情况发生，一定要堂堂正正跨区域跨媒体发展，决不当"小媳妇"，不留下隐患。

根据以上讲到的四项原则，我们分析了与光明报业在北京合作办报的可行性和良好生态环境。

在可行性方面，南方报业在办报过程中所积累的强势资源与核心能力，使其有条件走出广州，到京城与合作方合作办报。媒体要跨区域、跨媒体发展，要有内在动力，而内在动力不是建立在一时冲动之上，不是拍脑袋的决策。实施这一决策的单位，必须具备对外发展的核心竞争力。如果连自身的媒体都未办好，却匆匆忙忙到外地去办报，多半会以失败告终。南方报业的《南方都市报》已培育成为品牌报纸，当时已成为广州地区报纸的第二大盈利大户，且发展势头咄咄逼人，形成了"培育优质媒体的创新能力和把优质媒体品牌推向市场的创新能力"的核心竞争力。南方都市报在北京也有可利用的资源，支撑对外扩张有了较好的基础。比如，当时南方都市报在北京已建立起500家广告客户的网络，由于在广东向《南方都市报》投放广告与在北京向《新京报》投放广告目标客户不重复，互相不打架，这500家广告客户同时变成了新京报的广告客户资源。如果不是利用南方都市报的资源，靠自己一家一家去见客户，不知要多久才能建立起自己的广告网络。因此，只要抽调南方都市报现有的办报、经营和管理人才，就完全能够胜任异地办报的需要。

良好的社会生态环境包括如下几个方面：

第一，合作方的生态环境。合作双方要有真诚合作的愿望，而不是利用别人的资源玩一把，玩完了媒体也完了。当时，南方报业与光明报业谈合作时，双方都表示不纠缠在无碍大局的细节上，立足于长远发展，共同打造利益共同体，合作双方互补性强。《光明日报》是中央级党报，有深厚的文化底蕴和光荣的办报传统，是当年"真理标准讨论"的领跑者，成为中国改革开放、实事求是的舆论先锋，具有丰富的政治资源、广泛的社会资源和新闻资源。光明报业与南方报业同属党报所在的报业集团，具有良好的合作基础。对于南方报业异地合作办报来说，光明日报报业集团无疑是一个非常理想的合作伙伴。

第二，办报地的政治生态。从当时来看，北京有适宜跨区域发展的媒体生态土壤。合作当然也有阻力，如果不是亲身经历，很难体会到其中的困难和波折。《新京报》作为跨区域共同创办的新报纸，对北京报业市场原有的报纸来说，既是一个前所未有的新生事物，又是一个新加入的竞争对手，如同一阵疾风吹皱了京城报业市场的一池春水，引起了不大不小的波澜。在大多数国内传媒的同行们为中国报业改革的先行者喝彩祝福的同时，北京报业市场的一些竞争者对这份新报纸的出现自然不太欢迎。南方都市报强大的新闻整合能力和市场营销能力让京城报业的不少同行感到担忧。他们担心由于这个强大对手的加入而侵蚀自己的市场份额,摊薄自己报纸的利润,甚至担心"搞乱"北京报业的发行和广告市场。一时间针对这份新报纸的创办,出现了一些让人意想不到的阻碍力量。毕竟光明日报的地位放在那里,加上总编辑袁志发的开明和紧迫感,他又跑腿又打电话,与国家相关部门沟通,终于在中宣部和新闻出版总署的支持下,新京报很快投入运作。跨媒体跨行业跨区域办报的媒体中,我们是第一家由国家主管部门批准的,之前有的媒体在做,全是自己悄悄进入,没有经过正式批准的。我们是新闻出版总署发批文,事前经过中宣部研究批准。上级主管部门领导多次听取了关于光明报业与南方报业合作创办新京报社的情况汇报,赞同对这种跨地域经营的办报模式和报纸的体制创新进行探索。上级领导指出,两大党报集团发挥优势、互利互补、做大做强,是一件大好事,并在有关汇报和请示材料上做出批示,表示赞成和支持。国家新闻出版总署领导也批示同意把新京报作为试点,要求有关部门注意跟踪调研,及时总结经验。上级有关部门的明确支持,使处于困境的新京报筹备工作得以顺利进行。

第三,经济生态。跨区域办报要做强做大,要与当地的经济发展相匹配,因为目前报纸的经营依然要靠广告,如果当地的经济盘子太小,连支撑当地的报纸都不容易,盲目进去,不仅自己发展不起来,还会把别人拖死。这不是我们跨区域发展的初衷。跨区域发展,可以通过竞争激活广告资源,也可以通过竞争激发创新动力,达到各优质媒体共同做强做大传媒业的目的。当时南方报业分析了北京市场的情况。北京作为国家的首都,经济和社会具备相当的发达程度,高层次读者分布广泛,广告资源也相当充裕。北京当年的报纸广告总量大约为30亿元,大部分由《北京青年报》《北京晚报》《京华时报》等六七家报纸分割。当时,就其中最重要的五家报纸来说,发行总量和广告总额只是相当于广州报业市场上《广州日报》和《南方都市报》两家的总和,而北京无论是从经济总量、广告资源、读者分布等各项市场指标来讲,都远远超过广州的水平,因此,南方报业进军北京有着较大的发展空间。

在合作之初,我曾经说过,进入新京报工作的员工不管来自何方,都是新京报的员工,不能划定谁代表哪一方,如果这样的话,一定会互相扯皮,争吵不休,还会酿成派别斗争。为了能使他们精心培育好新京报,集团派出的人员除个别高层之外,与南方的人事关系切断,让他们成为新京报的员工。要有"破釜沉舟"的决心,不留"报纸办不好再回集团来安排"的后路。如果想回来,集团又愿意接收的话,要履行调动手续,而不是无条件接收。后来,在办报的过程中曾有人提供了一批名单,要南方报业"收回",我们未答应,人已调出,他们的岗位已有人顶替,不能无条件接收。最终,他们的动议没有实现。因此,无论怎么人来人往,新京报不是打造代表哪一个集团利益的团队,而是新京报的团队,磨炼出来的是新京报企业文化、新京报精神。它既不是完全的光明日报的企业文化,也不是完全的南都的企业文化,但它是受了两集团的企业文化影响,具有某些方面的共同特征,而最终形成了自己的企业文化和企业精神,这样就可确保新京报社持续长远发展。其实南方报业也一样,有集团的主文化,也有各系列报刊的亚文化,这种亚文化是适应自身环境、有利于自身做强做大的内在动力。

创办新京报社为中国跨媒体跨行业发展做了探索式尝试,而且取得了成功的经验。后来北京报纸的市场化程度高了,与新京报社创办以后将整个报业市场格局搅动得天翻地覆有一定关系。正因为有了危机感，原有的报纸有点坐立不安了，市场意识强化了，报纸内容创新越来越好。至于后来新媒体发展造成的困境，那是另一码事。

三、叫停非"龙"非"凤"的《南方体育》

2000年3月17日，《南方体育》创刊，2005年9月1日起休刊。按照"龙生龙，凤生凤"的滚动发展模式，对非"龙"非"凤"项目必须叫停。

叫停《南方体育》这件事，当时我的想法是，非主流的报纸长期赚不了钱，没有必要办。先换观念，还是赚不了钱，我就换人。换人也不行，就不办了。

南方体育报社以总编辑龚晓跃为首的团队很有冲劲，《南方体育》的影响力当时已冲到全国同类报纸中的第三位了。尽管如此，我已看到体育类报纸衰退得特别快，排名前两位的《足球》报已不行了，《体坛周报》也在衰退中，毫无疑问，老三困境更大。我预料体育类报纸在未来的日子里很难过。换人行不行？我们没有急急忙忙换，因为我总觉得南方体育报社的领导层办报还是有经验的，不是他们无能，是体育类活动和传播中的广告投放方式发生了变化。为了摸清这个情况，我们派曾经担任过南方都市报负责人的一位人员进入南方体育报社当顾问、发行人这样的角色，其实就是由他和龚晓跃两人共同负责这张报纸的运营。我对他说："我的判断未必正确，你进去摸一下情况。"他进去几个月之后对我说："老范，这个报纸没有前途了，不行了，肯定办不下去了。"这符合我原来的判断，不是龚晓跃无能，是体育类报纸经营环境恶化了，于是就下决心把这家报纸停了。尽管停了，但南方体育报社留下了一批人才，其对南方报业人才资源的培育是有贡献的。其实，之前就已经停过报纸，李孟昱当社长时，我就支持他停办《花鸟世界报》和《海外市场报》。不行的报纸肯定要把它停下来，《海外市场报》停了，用这刊号创办了《南方都市报》——这两家报纸"冰火两重天"。

南方报业即便在最辉煌的年代也不是所有发展项目都成功的，决策者要善于判断，实在不行的要果断关闭，以避免更大的损失，并用好的项目替代，不断开辟新天地。"龙生龙，凤生凤"，就是一个不断优化的过程。

四、转制更名，做媒体要重视盈利模式

2005年7月18日，南方日报报业集团更名为南方报业传媒集团，更名与当时省委决定南方报业要完善新的体制有关。

新的体制是什么呢？就是在保留原来南方日报社委会的基础上，新成立集团管委会、党委会、编辑委员会，集团公司董事会。为什么要成立管委会呢？上头给出的解释是资产要有管理者，省国资委那边认为人不归他们管，单管资产比较难办。省委宣传部当时又没有文资办。所以，就要设立一个管委会，受省政府委托来管报业的资产。管资产有一个管委会，管编务有集团和南方日报社的编委会，集团公司得有一个董事会，加上南方日报社的特殊地位，还得有一个社委会。这样就由一两套马车变成几套马车了。我从单一的社长的身份再增加了党委书记、管委会主任、董事长的多重身份。

当时参与改制讨论的人员有时任省委副书记，省委常委、宣传部长，还有分管文化产业的副省长。省领导在会上问："现在我们要成立这几套班子，南方日报报业集团还有哪些方面要改革？"我就提出，我们现在不仅是办报，还有网站、出版社等，将来还有更多的媒体项目要做。"南方日报报业集团"的名称局限在报业，概括不了我们未来的发展方向。他们就问改什么名好，我说就叫"南方报业传媒集团"吧，以办报为基础，还拓展其他媒体产业。会上无异议。名字出来了，就定班子，由省委做决定。

五个多月后即2005年12月29日，南方报业传媒集团南海产业基地奠基，占地面积320亩。当时，我想这个地拿下来肯定是有好处的，地一定会越来越值钱，这个是肯定的。而且，从未来报社的产业发展来看，报社现有的广州大道中289号是个黄金地段，印报厂可以搬到南海去，把地腾出来办其他产业，这地方改造一下非常值钱。南海那块地也是非常不错的，旁边是高速公路，把报纸运出去不会比原来慢。

原来准备在番禺要块地的，就几十亩，去看了几次，正准备签合同的时候发现这块地还在农民手上，与我们谈判的镇的相关机构根本还没有把地拿过来。有人说："没有关系的，签了再拿，征地都是这样，先签嘛。"我们觉得风险非常大，签了两三千万元要马上给人，最后土地你拿不下来怎么办？后来我还下乡去问，我到了揭阳，找到了一个县级的领导，我问他："这样拿地危不危险？"他说："非常危险，而且现在中央对土地的问题控制得非常紧，地还在农民手上不好办。"所以我就说不要,就没有签合同。

后来报社在南海开研讨会,开会期间碰巧时任广东省委副书记就住在附近,我就去看他,当时省委常委兼佛山市委书记、南海市委书记都在。我就讲到这个地的问题,时任佛山市委书记说:"欢迎你们到我们这里来投资办企业。"当天晚上,南海市委书记就把南海市和顺镇镇长、镇委书记带过来,一边看地图一边谈办厂的事,很快就拍板定下来了。南海市委书记说:"那就这样吧,赶快把 50 亩地的手续办了。"我说不是 50 亩,我要 300 多亩。"啊?300 多亩,这块地方凑不够 300 多亩啊。"南海市委书记说。后经协商还是腾出了一块地,刚好 320 亩。

当了几年的集团社长,不得不考虑媒体的盈利模式,《南方体育》报不赚钱就把它停掉。虽然我有学经济学的背景,但当年学的是计划经济,市场经济是后来才学的。集团跟中山大学合办 EMBA 培训班,我是第一期学员,学习了那些知识,拓展自己的思路。还有就是认真学习和研究了哈佛商业案例分析,很受启发。

我心里很明白,南方报业的省委机关报《南方日报》是省委赋予机关报的职责,一定要做好的。但系列报刊办还是不办,省里没有明确要求,是你自己要办的。自己想办肯定要考虑报刊的影响力,还要考虑它能不能赚钱,如果不赚钱,何必那么辛苦去办呢?为了完成所赋予的任务,亏本也要去办,但是政府没有给我们任务的,我们必须考虑效益问题。所以,每做一个项目,我们都必须考虑商业模式的问题。这么一个思路,说起来其实非常简单——能不能生存是至关重要的。

五、从 EMBA 课程培训到建博士后工作站

从报业经营的角度来思考，最缺乏的是什么人才？就是既懂办报又懂经营，能对报业进行运作的复合型人才。对此，我们两条腿走路：一是到全国各高等学府去挖掘优秀毕业生，补充进来。2003 年，集团招 200 名大学毕业生，网上报名的就有两万多人。二是要大力提高现有采编与经营岗位上的中高层管理人员的管理水平，对他们进行职业训练。通过培训，强化报业的核心竞争力。

根据人力资源中心的提议，我们与中山大学管理学院合作开办 EMBA 课程培训班。第一期 EMBA 课程培训班长达 8 个月，利用双休日上课，开设了经营经济学、企业组织与变革、企业经营战略、团队管理与领导艺术等十几门核心课程，培训了包括集团社长、总编辑、总经理在内的 40 多位报业集团中高层管理者。我全程参加了。从培训中，我们尝到了甜头，开拓了办报思路，强化了经营管理者的素质，全面提升了中高层人员运营报业的能力，为报业集团开发和储备核心竞争力、强化持续的竞争优势打下了非常好的人才基础。

2003 年 12 月 8 日，第二期 EMBA 课程培训班举行开学典礼，时任中山大学校长黄达人、中山大学管理学院院长魏明海来到报社参加了这一活动。我与中山大学校长黄达人就中大和南方报业两大品牌如何强强合作、优化智力结构、储备充裕人才、发展人才战略，努力成为文化大省建设中的一支重要力量进行了一番交流对话。

早在 2002 年，中山大学就与南方报业共建 MBA 实习基地，双方的设想就是两大品牌强强合作，真正实现双赢目的。黄达人对我说："与南方报业这样的知名品牌共建 MBA 实习基地，将成为保证中大 MBA 教学质量的重要措施，是真正意义上的强强合作。"两家后来又联手共办 EMBA 课程培训班，在全国新闻媒体行业中是开先河之举。中大在这几年的发展中非常注重树立自己的品牌，提升自己品牌的含金量，而南方报业是值得信赖的媒体，我真心希望南方报业和中山大学这两家邻居今后联系更紧密，在合作中探索更多模式，以达到双赢目的。黄达人还谈到一个观点：时代发展到今天，高等学府的责任不仅仅是在围墙内培养优秀毕业生，我们更有义务为社会广泛培训合格人才，为当地经济建设提供智力支持和人才保障。不论是 MBA 还是 EMBA 都非常注重案例教学，与中国有着丰富实践经验的报业集团合作，对我们的教学就是一个很好的促进，可为我们提供新鲜的实践经验，我们中大为不少行业培训过中高层管理者，但与媒体进行培训合作还是第一次。

我对黄达人说："现在报业经营的竞争有三个层次，第一种是打价格战、只求数量不求质量的低层次竞争，第二种是以规模、结构、效益为主的中层次竞争，第三种就是以资本、人才、品牌为主的高层次战略竞争。南方报业的经营已摆脱低层次竞争，赢得了中层次竞争，并提升到高层次的竞争上来。在这场品牌竞争中，强化核心竞争力是多品牌战略的基础，保持充裕的人力资本则是实施多品牌战略的关键。依托中山大学对现有的南方报人进行培训，是南方报业的最佳选择。中山大学是中国著名高等学府，你们的人事制度改革、公开向海内外招聘 150 名教授等一系列举措走在了全国前列，影响很大，中大这个品牌在我们心目中分量很重。同时，像黄校长所说的，我们是近邻，有地缘优势。"

我非常感谢黄达人亲临报业指导，这预示着我们的合作将进入新的发展阶段。的确，后来我们再次分别在中大和南方报业见面，除了办好第三期 EMBA 课程培训班外，还筹划共同创办新闻学院。虽然因中大内部意见不一，新闻学院未合办成，但与中大共办了三期 EMBA 课程培训班，南方报业的骨干基本上进行了一轮前所未有的培训，优化了集团的智力结构，为后来那几年南方报业的发展提供了比较充裕的智力资本。

与中大合作尝到甜头之后，我们进一步明晰了培养高层次人才的重要性，后来我们又申报博士后工作站并获得了成功，在中国媒体圈我们属第三家。中国人民大学管理学博士郭全中成为第一个进入南方报业的博士后，由北京大学光华管理学院与南方报业传媒集团联合培养。出站后，郭全中留任南方报业传媒集团战略运营部副主任，现为国家行政学院副教授、高级经济师，主要研究领域为文化产业政策、传媒经济、传媒管理、工业经济与企业管理、基于互联网的产业融合与转型。

博士后工作站是南方报业腾飞的"助推器"，将博士后工作站建在我们的报业集团，实质上是为集团提供了一个在市场经济条件下去探索更多前沿科研课题的高平台。我们拥有博士后工作站不是用来标榜自己有多厉害，而是要用虚实结合的办法，既要解决当前的问题，更要实实在在解决长远的重大战略问题。博士后工作站必须具备的基本条件是有一定难度的，这些条件包括：设站单位要具备相当的规模；要有一定的技术中心或研究开发机构；要有研究水平较高的科技人员和较好的研究开发条件；要能够提出具有较好市场前景和较高学术技术水平的研究项目；要有较高的经济效益，有经济实力；等等。

应该说，申报成功确实展示了南方报业设站的实力。当时的南方报业已形成以报业为主体，横跨出版、信息、印刷、广告、物流配送和实业拓展等产业的媒体军团。七报两刊风行全国，被誉为"报业结构最合理，读者覆盖最全面，综合运营能力最强的报业集团"。2001年，在国家教育部组织，全国百万学子参与投票的"新世纪中国大学生就业首选企业"调查中，南方报业跻身50强，是唯一上榜的报业集团。在北京大学企业管理案例研究中心"2001年中国最受尊敬企业"评选中，南方报业入选20强。2003年，集团广告收入约17亿元，上缴税收1.34亿元，利润1.49亿元。所以，我们在申报时强调，南方报业具备四大条件：第一，对南方报业这样一个特殊的企业集团，我们有比较成熟的操作经验，有新的理念、新的运营机制和发展方略，这跟博士后工作站建站要求是一致的。第二就是我们具备了比较强的发展后劲。第三是对高层次人才需求量大。第四是南方日报报业集团具备设立博士后工作站所需的条件，能够为博士后提供必要的科研和生活设施。第一个博士后郭全中进站时我们确实这样做了，安排了暂住房，工资按副高职称待遇，调研经费充足。

对于"博士后科研工作站"这块牌子，我们怎么看？挂上这一牌子后，我们将怎么做？宣布建站时，南方日报记者梅志清等记录了我与广东省人事厅分管博士后工作多年的副厅长何锦胜的一番对话，现摘录如下：

记者：新闻是很注重实操的，报业集团发展到今天，建立博士后工作站这样研究前沿科研课题的平台意义何在？

范以锦：建立博士后工作站是我们集团的迫切要求，我国加入世贸组织后，国内新闻改革步伐加快，南方报业面临新的机遇和挑战，无论是在战略层面还是在具体策略上以及技术层面上,都有许多关系到集团长远发展的重要问题亟待研究。这些问题对于集团今后的生存与发展至关重要,决定集团在今后一个较长时期内是否能够抓住机遇,加快发展,保持和扩大在报业市场上的竞争地位,更好地完成党在新时期赋予集团的新闻宣传任务。我们对博士后工作站寄予厚望,它将是南方报业腾飞的"助推器"。

何锦胜:范社长讲的亟待研究的那些事关集团长远发展的重要问题,归根结底是人才问题。"国以才立,政以才治,业以才兴。"要想在某一方面谋求新的发展,就必须拥有某一方面的人才,否则无从谈起。目前,我省已在15家高校和科研院所设立了55个博士后科研流动站,在128个企事业单位设立了78个博士后工作站,年招收博士后规模已达到280人。博士后制度能够"火"得起来,得到社会的认同,关键就在于它闯出了一条有针对性地在培养中使用、在使用中培养年轻高层次人才的新路子。"博士后"不是学历,不是学位,也不是职称,而是一种科研工作经历。博士后的任务是研究课题、项目,转化科研成果;设立博士后工作站,实际上是提供一个引进、培养、使用年轻高层次人才的平台。就像范社长说的,迫切要求设站,目的在于通过开展博士后科研工作,从战略层面、技术层面来解决报业集团的长远发展问题。这就是必要性,一语中的。

记者:博士后工作开展3年来,在新闻传媒这一块比较活跃,现在全国有4家传媒集团拥有博士后工作站,我们南方报业是第三家获批准的。建立博士后工作站对报业集团今后的发展将起什么作用?

范以锦:博士后工作站建在报业集团,实质上是为我们集团提供了一个在市场经济条件下探索更多前沿科研课题的高平台,将会对我们报业发展产生重大影响。例如,以前是媒体经营,现在则是经营媒体,更注重媒体的品牌效应,利用报业集团的无形资产增强实力,壮大发展。再比如,以前是产品经营,现在是资本经营。我们可以通过几十年积累起来的资本、财富,通过资本运营的手段,兼并一批相关产业,这样报业集团在短时间内可以拿到更多的"蛋糕","蛋糕"越做越大,我们就可以跨越产品经营的老路。

何锦胜: 博士后工作站的特点决定它确实能更多、更有效地探索研究前沿科研课题。首先,它强调设站单位要根据自身需要提出高水平的研究项目,博士后科研工作的针对性很强;其次,它强调设站单位要与高校和科研院所的博士后流动站联合招收博士后,发挥高校和科研院所研究条件好、学术力量强、科研资料全和各种信息畅通的优势,这种机制有利于提高工作效率;再次,它强调设站单位与学校、科研院所的合作要互惠互利。这些年的实践证明,这三条对于培养年轻高层次人才、研究探索前沿科研课题的作用是比较明显的。此外,设立博士后工作站的另一个作用就是引进人才。博士后期满出站后,如设站单位需要,其本人又愿意的,就可以留下来。这些年来,我省博士后出站留在广东工作的占80%以上。目前,全省共积累博士后1300多人。

记者: 现在广东正在建设"文化大省",我们南方报业又是省委、省政府重点扶持的七个文化产业集团之一,建立博士后工作站和建设"文化大省"有什么密切联系?

范以锦: 广东提出建设文化大省。作为省委、省政府重点扶持的文化产业集团,我们觉得肩上有不可推卸的责任。从南方报业在广东省文化产业中的地位来看,《南方日报》是广东省的主流媒体和省委机关报,报业集团是省重点扶持的七个文化产业集团之一。如果这一块我们做好了,就能更好地起到排头兵的作用。从报业集团所发挥的作用来看，报纸担负着舆论引导的职责，尤其是作为省委机关报在舆论引导中要起龙头和示范作用。开展"文化大省"的建设，要有"阵地"观念，通过提高舆论的引导水平巩固和扩大党的舆论阵地。建立博士后工作站后，将增强新闻工作的科研能力，提升舆论引导的水平，随着报业集团的影响越来越大，主流媒体的声音会传得越来越广，真正起到鼓舞人心、引导舆论的作用。同时，报业集团越做越大后，报业集团的经济实力越来越强，文化产业在经济中所占的比重会越来越大，这本身对建设文化大省就是一个促进。文化建设，从根本上来说是人的建设，核心是全面提高人的素质。建立工作站以后，势必会大大提高媒介研究水平和运营水平，为广东的媒体提供更多的人才。现在对媒体来说，普遍缺乏运营人才。通过博士后科研工作站，我们可以培养高层次的媒体运营人才队伍，工作站可以成为高层次人才基地。

何锦胜：的确如此，报业集团建立博士后工作站与建设"文化大省"关系密切，意义重大。我补充一点：南方日报作为广东省的主流媒体和省委机关报，你的博士后工作站搞好了，还将起到很好的辐射作用。首先，那些尚未具备设站条件的媒体可以与你们合作，共同研究探讨亟须解决的问题。其次，期满出站的博士后将流向各家媒体，年轻高层次的报业人才来源将增加一条新的渠道。再次，其他媒体将从你们身上看到设立博士后工作站的意义和作用，势必把这当作建设"文化大省"的一项重要工作来加以重视。

记者：博士后这个牌子挂起来后，主管部门会密切跟踪课题的研究情况，接下来会怎么做？

范以锦：接下来有大量的工作要做，在报业集团设立博士后工作站，不是研究后写几篇论文就完成了，它要有来自于媒体的前沿课题，研究成果又一定要用于指导实践，真正做到"产学研"相结合。这个博士后工作站运用得好，将是一个很好的推动器。我们会联合国内一流高等院校、科研机构、大型企业，借助他们深厚的学术底蕴、严格的治学态度和国际化前瞻性的视野、先进的管理理念，充分发挥报业"产学研"的优势，就像插上了翅膀，使我们在品牌、资本、人才等各方面得到全面提升。不可否认，品牌的竞争是未来竞争的根本手段，博士后工作站建立后，南方报业的品牌因此会得到进一步提升，内涵将更丰富，地位和形象也将得到提升。博士后工作站将被打造成南方报业的一个新的子品牌，但是这个子品牌不是孤立的、一般性的子品牌，它会贯穿到其他的子品牌当中，通过联合开展各种各样的活动来实现彼此之间的相互呼应和共同成长。

何锦胜：这个工作思路非常对头。博士后工作站能否办得成功，关键就在"联合"这篇文章做得怎样。我们讲联合，不是把招收的博士后"挂靠"到学校和科研院所了事，而是要将博士后研究的项目的确立和博士后人员的挑选、培养、使用的全过程都充分体现"联合"，切实建立起一种密切合作的机制。博士后工作站的根本目的是要推动科学研究面向经济建设，提高设站单位的技术创新能力。

我与何锦胜交流对话之后，他握着我的手说："南方报业一定能为我省的博士后工作探索更多的经验，祝你们旗开得胜，马到成功！"接着何锦胜就如何选准报社发展的前沿课题提议要着重抓好两个环节：一是要选准项目，二是要选准人才。确立的研究项目一定要符合设站单位发展的需要，要有较好的市场前景和较高的学术水平，并且能在博士后在站两年多时间内取得阶段性成果，不要超越实际。选准了项目，然后选准一流人才来承担。

郭全中进站之后，我将需要研究的课题都和他说了，从虚的方面来说，包括新的条件下新闻理论的思考探讨、媒体经营战略的深入研究等；从实的方面来说，有报业集团怎样跨地域经营、跨媒体经营，怎样利用集团内部丰富的信息资源去与相关行业合作，把传媒品牌渗透到其他领域，还有报业上市的途径问题等。郭全中进站后很勤奋，提供了一批有参考价值的调研报告；出站担任集团战略运营部副主任之后，与战略运营部的其他成员参与了多个项目的论证，为领导班子做决策发挥了很好的作用。

第五章

办报责任与领导胸怀

一、假冒"领导意见"被领导批示揭穿

2002年,《南方都市报》曝光某地计生服务中心医疗站。南方都市报记者去看病,医疗站说是性病,要花两三千元。第二个记者去看病,医疗站又说是性病,又要两三千元。接着记者到正规医院检查发现根本就没有得性病。这个计生服务中心的医疗服务其实是包给游医去做的。南方都市报记者采访弄清情况之后就写了批评报道,未见报前游医就派人来公关,说要给南方都市报两三百万元的广告费。南方都市报不为金钱所动,坚持要安排见报。

突然北京有电话来了,他们跑到北京去公关了。这个电话是一个司局级的领导给我们南方报业一位他认识的领导打的。这位司局级领导在电话中说"刚才中央领导的秘书给我打电话,说计生中心的这个批评报道你们就不要做了",而且还说"这也是领导的意思"。电话内容转达到我这里之后,南方都市报值班领导问我怎么办。我就对他们说让我思考两三分钟。过了两三分钟我回复说:"这个稿件不能够拖了,明天立即见报,能做多大做多大。"第二天就发了整整一个版。国家计生委工作人员看到报道后表态,说这个事一定要查清楚,肯定了《南方都市报》的报道,《南方都市报》报纸登出了他们的表态。又过了一天,连中央领导都对《南方都市报》的报道做了批示,表扬《南方都市报》的报道做得好。那时各地正在查处低俗医疗广告,包括性病广告。当时中宣部和新闻出版总署针对报纸上医疗广告泛滥尤其是低俗广告多的问题，要求报纸抓好整治工作，肯定《南方都市报》这个报道有针对性。假冒的"领导意见"就这样被戳穿了。后来，《南方都市报》把这位中央领导的批示在头版头条登出来了。

当时我为什么会有勇气拍板，而且在几分钟内就拍板了呢？我当时认为这个医疗服务机构肯定有问题，没有问题不会拿钱去收买，说要投放多少广告。而且，不是一般问题，要不为什么要跑到北京去"公关"。在北京收买了谁？不知道。究竟这个电话是相关领导的秘书打的，还是哪个人伪造的，不知道。但我判断，中央领导绝对不会有这个指示。原因有两条：第一条是中央高层领导不会关注到那么一个小小的医疗服务机构；第二条是即便要制止报道，也一定会通过正常的渠道层层来通知我们，没有必要让一个司局级干部找到南方报业的熟人去转达意见。当报社领导面对许多复杂的情况时，是需要凭经验、勇气和智慧去处置的。

二、领导答复辞呈"要重视范以锦同志的意见"

有点怪，我已经快到退居二线年龄该退休的时候，却迟迟不启动程序。我有点急了，主动向省委领导提出辞呈。

我先找了时任省委常委、宣传部长，我说我快到龄了，还不赶快把我换掉。他也不知道我快到龄了。他说："啊，到龄了，那就考虑一下谁来接班吧。"我建议杨兴锋当社长、王春芙当总编辑。然后，我又跟时任省委副书记讲了情况。接着，我给省委第一把手以及分管组织和宣传口的副书记、常委共五人写了信,要求尽快启动交接班程序,希望由杨兴锋当社长、王春芙当总编辑。省委第一把手做了批示,说要重视范以锦同志的意见。省委宣传部长请示省委副书记该怎么办,他就说按省主要领导的批示办。在做方案的过程中,我嫌速度太慢,又写了第二封信,结果本应2006年3月退出领导岗位却拖了八个多月,至11月才让我下来。杨兴锋继任社长的方案实施了,再过一段时间,王春芙也当上了总编辑。整个来说,是平稳过渡的。能平稳过渡,我很高兴。

三、"三老"合影记忆犹新

"三老"就是三位广东省老领导任仲夷、吴南生、林若。"三老"德高望重,备受广东干部、民众敬重,中央领导来广东时也会去看望他们。

"三老"对广东的改革开放做出过重大贡献,南方报业改革开放方面的报道成绩显著,这与"三老"的支持也是分不开的。不仅是宣传报道,在报业发展过程中碰到困境和风波,"三老"也积极为我们化解。他们对南方报业的改革发展格外关注。有段时间我们碰到了非常棘手的问题,按原有的渠道去反映不容易解决。我与时任副总编辑的王春芙多次向任仲夷、吴南生、林若反映情况,时任省委副书记蔡东士也向他们谈了自己的看法。我和王春芙还与南方日报原摄影部主任梁伯权到省人大向林若反映这个问题。林若从省委书记岗位退下来后曾任省人大常委会主任。林若在省人大的一个办公室里听取了我们的汇报。林若说:"那你送份材料来吧,我写个情况反映一下。"我与王春芙找了我们报社一些离退休干部通报了情况,南方日报社原副总编辑吴彩章起草了一份情况报告,多名离退休老干部签了名。报告转给了林若。林若在上面写了自己的看法,然后将材料往上送。任仲夷、吴南生也联合给上面写了信。在"三老"过问并引起省领导的重视后,有些问题得到了较好的解决,使事态往好的方向发展。

对"三老"的关怀,曾经主管宣传口的省委副书记蔡东士与我们一样都铭记在心。

南方日报55周年社庆的时候,《南方日报》头版刊登了一张照片,就是任仲夷、吴南生、林若,还有蔡东士,与我、杨兴锋在一起的照片。这张照片隐喻,三位老领导对我们的理解和支持,他们的高风亮节给了我们勇气和力量。这张照片的刊发很有意义。南方日报要举行创刊55周年纪念,我们发出了邀请,蔡东士和任仲夷、吴南生和林若都表示一定要参加我们的纪念会。本来这个55周年纪念也不是什么了不起的事,但他们同时参加非同寻常。当时蔡东士提醒我,让我一定要与三位老书记一起合影,把它拍下来。所以我就告诉了摄影部副主任陈健聪,我说我们从贵宾厅走出来的时候,你一定要把它抓拍到。从贵宾厅出来的时候,我跟蔡东士赶快紧紧地靠在三位老书记的旁边,这个抓拍拍得非常成功,并在第二天的《南方日报》头版刊出。

任仲夷、吴南生、林若,他们始终保持一股正气。我们南方报业跟他们非亲非故,没有私人关系,但他们却对我们报人非常理解、非常支持。

林若曾担任南方日报党委副书记,我作为在南方日报工作了多年的报人称林若为"报人知己",这不仅是因为他在南方日报时给记者留下了平易近人、和蔼可亲的感受,还由于他调任省委领导之后理直气壮地支持报纸开展舆论监督,匡扶正气。南方日报离休干部刘军曾是派驻东莞的记者,"文革"前林若当东莞县委宣传部长、县委书记时互相有来往。林若任省委书记时,刘军是南方日报广州记者站记者。那年春节,林若为了不打扰身边工作人员过节,只身骑上自行车从省委宿舍出发,来到广州环市东路466号大院看望刘军。南方日报总编辑陈培60岁时得了癌症,林若两次到医院看望并嘱咐医生全力抢救。陈培离世举行告别仪式,林若率省四套班子送行,体现了其对知识分子的尊重,对有骨气的报人、报纸的肯定和支持。广东省委原第一书记任仲夷去世时,《新京报》错放成林若的照片。该报领导请我与林若沟通,征求对此事的处理意见。林若接到我的电话大笑三声后说:"不是有意的,还处理什么呵?更正就行!"继而严肃地说:"新闻工作崇高神圣,马虎不得,尤其要提醒年轻人注意。"宽容犯错和严肃提醒,体现了老领导对新闻人的厚爱和一位长者对后辈的期待。

林若于2012年10月病逝。逝世时,《南方都市报》发表社论《缅怀"敏于行"的改革者林若》。文章深情地追忆:"改革的惊涛骇浪浮现眼前,我们看到一位改革者惊人的勇气与智慧,留给我们关于改革的诸多遐想:在思想上,一个改革者是如何破旧迎新,又是如何摆脱成见一往无前;在方法上,推进改革有哪些撒手锏,又该如何通过改革保住社会底线,让民众从改革中受惠?"作为一家市场化程度高的新锐媒体,没有接到任何指令主动以发社论的高规格,对一位曾任省委书记的逝者"歌功颂德",并不多见。曾先后在新华社广东分社、南方日报社和新闻出版署担任过领导工作的媒体老人杜导正谈到林若时称"他是个很优秀的人才"。蔡东士进入党政机关前也曾是记者,在新华社广东分社工作过,并多次随同林若下乡调研。他在《林若书记,您在哪里?》一文开头的八个字就是"高山仰止,景行行止",在《怀念林若》这本书中谈到林若的凛然正气时如此描述:"我仿佛看到,林若正拍案而起,痛斥他深恶痛绝的吏治腐败""我仿佛看到,林若正奋笔疾书,为蒙受冤枉者厉声疾呼"。他还写道:《怀念林若》是撰写于人们心中的林若书记永恒的墓志铭。所以,他发出的其实也是我们记者同行的共同心声。

为林若的铮铮铁骨所动容,我和王春芙来到他家里的遗像前默哀,给他送上挽联:

铁骨英名存万代;
报人知己垂千秋。

第六章

报道艺术

一、找准结合点，批评报道上头条

都说批评报道难做，但南方报业的报纸包括省委机关报《南方日报》的批评报道却比较多。机关报的批评报道题材选择，要重视政府和民众都关注的事。有些地方、有些部门问题较突出，省委、省政府正在引起重视，民众也期待解决这一问题。我们抓住这类问题开展批评报道，领导会觉得这是对政府工作的支持和推动。我当总编辑时强调批评报道要找准政府和民众都关注的结合点，正因为如此，《南方日报》多篇批评报道上了头版头条。

1999年11月22日，我与南方都市报的记者一起参加一个活动。当时南方都市报记者刘庆就坐在我身边，她告诉我写了一篇批评稿。我听了之后，当天晚上就把稿件调来看，第二天《南方日报》与《南方都市报》都安排在头版头条见报。批评报道登出来后，不仅没有惹麻烦，还得到了中央领导的肯定。

批评报道是可以积极主动做好的，要把握机会，不断拓展这个空间。我担任南方日报总编辑的时候，每年安排几篇批评报道放在第一版头条，每个月有几篇批评报道，每个星期基本上要有一条批评报道放在第一版。比如"见死不救事件""抗洪关键时刻逃离岗位""肉猪市场竞争中的抢肉事件"等都放到第一版头条。当时的中共中央政治局委员、广东省委书记等领导都对我们的批评报道做过批示，头版头条几乎都有领导的批示，都推动了问题的解决。《南方日报》的战斗力、权威性、公信力大大提升。

　　批评报道的目的不是非要把官员弄倒，如果官员的确是严重违法乱纪，当然是要倒台的。批评报道发出以后整改得好的，我们也会将整改的意见说一说，会关注他们对这个问题的态度，不会把他们一棍子打死。茂名市有一个科级官员，《南方日报》批评了他所在单位乱收费的问题，他非常紧张，跑到广州来了，到了我家里，提了保健品要送给我。我不收，他就跪在地上求我一定要收下。他说："你不收，我就完了！"我说我不能拿你的东西，我跟他讲："我们批评这件事是为了纠正不良风气，并非想把你整垮。你现在认识到你们的做法有问题，你们要整改，我们很快会刊登你们整改的措施，这点请你放心。"后来他说表示感谢，他拿着东西走了。走了以后跑到我们南方日报读者来信部主任李棠辉那边，又要给他东西，也被李棠辉拒绝了。我们后来登了他们的整改措施，事情也就了结了，这个官员改正了错误，没有倒台。

二、政治家办报四方面内涵

　　办报是要讲艺术的，尤其是批评报道。办报还要有胸怀、敏锐和智慧。我们经常讲政治家办报，有的人一谈到政治家办报就有点反感，我却有兴趣。政治家办报不要理解为政客办报。政治家办报，内涵有四个方面：政治家胸怀、政治家敏锐、政治家智慧、政治家艺术。当然，并非能够清清楚楚地划条线出来的。很难找一个公式、一个明确的标准答案给你。要根据中国的国情、现实去做出判断。需要经历风风雨雨的考验之后，逐步探索出来，要做到心中有杆秤、有盏明灯。

办报人要有政治家胸怀。报纸不要只强调办得平安无事，不能一味追求得到上级的表扬。要以对党、对国家、对人民高度负责的态度去办报。如果报纸办得平庸没有市场、没有读者，舆论的根基巩固不了，这样的报纸有什么用？受表扬的时候不要趾高气扬，要经得起表扬，不要以为表扬了就已经很厉害了。同样的道理，受到批评，要经得起批评，不要泄气，要总结经验教训。该坚持的坚持，该改进的改进，继续创新不停步。有这样的政治家胸怀，媒体才能发展得好。

办报人在处理矛盾时要有政治家的敏锐。媒体经常批一些政府部门的工作失误，把握得好没有什么事。这里面就有个大制度与小制度问题。小制度你批一批没有问题，但此时此刻国家的根本政治制度是要维护的。踩线了，肯定会严厉追究。大政治与小政治、大制度与小制度的关系，媒体经常会碰到。媒体人处理这类事要敏锐。

运用政治家智慧、政治家艺术做好批评报道，尤为重要。要把握时机，该快的要快，办报纸要往前看，看得远一点。要有理念的支撑，充满信心，充满希望。有理念、有信心，就会执着追求，就会有一种超前的意识。比一般的报纸更超前，就拉开了距离，你办的报纸就充满活力。回顾历史和往前看，就知道这个路是曲折的。一直往前走没有错，但会有曲折和反复。记者行业是高风险的行业，有政治风险，经常因为一些问题造成心理上的压力，这是职业的常态。我们要不断地化解矛盾，既要有勇气，又要冷静思考、沉着应对。

第七章

南方报业舆论监督五个时期

一、20 世纪 50 年代舆论监督兴盛期

从中央机关报到省委机关报都非常重视反映群众的意见和呼声，对一些人无法无天的行为，包括强迫命令、官僚主义作风，报上的批评是非常多的。

就拿《南方日报》来说，1949 年 10 月创刊，1950 年《南方日报》第一篇批评报道是指名道姓地批评广州市税务局局长。从 1950 年到 1953 年，《南方日报》批评县以上的党政干部的报道、来信、评论 100 多篇，数量非常大。花县，当时是佛山地区管的。《南方日报》1956 年做了两篇非常有影响的报道。第一篇是花县割麦事件，就是为了早稻早点插秧，赶进度，有的领导就在推动，要求什么时候把水稻插下去，结果小麦还没有成熟，就强迫农民把麦子割掉。南方日报记者丁辛人就写了篇批评报道，这篇报道在花县引起了很大的震动，上级对相关人员做出了处理。

又过了一段时间，准备开党代会，丁辛人又到花县去采访，不是搞批评报道，是想了解党的建设方面有什么好的经验，给它报道一下，营造一个党代会的良好气氛。县里也是欢迎的，让他列席参加几个会。在参加会议的过程当中，他看到了这么一件事：县委书记的夫人是党代表，宣传部长认为这个人不够资格当党代表。他反对，有的人就吵，从下午一直吵到晚上。第二天早上，县委召开紧急会议，将宣传部长定性为反革命——反对党组织的决定，就是反革命。

丁辛人改变计划，本来想介绍你的好经验，现在改变主意要搞批评报道。他回来向当时的省纪检委汇报，也跟南方日报领导汇报了。省纪检委副书记接待了丁辛人，听了汇报后决定成立调查组，丁辛人参加了调查组。调查以后，材料基本属实，《南方日报》发表了批评文章，还发了社论，认为这是打击报复事件。

此事本来已了结，但省里开党代会的时候就有一批人发难，包括佛山地委和花县县委领导，还有一些人附和，谩骂《南方日报》的批评报道。时任省委书记处书记区梦觉，还有省纪检委书记李坚真，两位女同志都是老革命，她们提出，既然你们意见这么大，那就召开会议辩论，并请丁辛人参加。会议上辩来辩去，批评报道没有错啊，省纪检委也调查过了的，没有错。后来抓住了什么呢？抓住了社论有一句话，说社论里面所有的名字都称"同志"，为什么县委书记不称"同志"，居心何在？区梦觉和李坚真就说，这是小事。后来陶铸表态，《南方日报》的批评我们是支持的。这场风波总算平息下去了。

敢于揭露社会丑恶现象，是南方报业的风骨所在。当然，上级党委也支持舆论监督。刚创办《南方日报》的时候，华南分局第一书记叶剑英就提出，《南方日报》应该在思想批判工作上做出成绩来，他说的思想批判就是指批评报道。1953年，华南分局第四书记陶铸在全省宣传工作会议上指出，报纸最需要做好的是两点：第一点，联系实际，联系群众，更有力地推动工作；第二点，加强批评，要敢于与一切违法乱纪的落后现象做斗争。

没有叶剑英、陶铸支持，《南方日报》第一个时期的批评报道的开局不会那么好。如果没有当年《人民日报》的批评和鼓动——我们认为它是鼓动我们的，《南方日报》对批评报道的重视程度不会那么高。改革开放后，同样是领导的重视和支持，使我们有更足够的勇气承受批评报道带来的压力。

二、反右之后舆论监督衰退期

1957年"反右"运动以后,批评报道少了。

《南方日报》关于花县的报道又旧事重提。在花县,支持《南方日报》批评报道的一些人被打成右派。然后县里有人提出:"丁辛人也应该是右派了吧?"在他们看来,丁辛人才是花县搞批评报道的"罪魁祸首",支持他做批评报道的人当了右派,丁辛人更应该是右派。南方日报社领导保护了丁辛人,坚决不同意把他划为右派。"文革"的时候,有人贴大字报:"丁辛人是漏网大右派!"花县有正义感的人闻讯后也把大字报贴出来,写着"丁辛人是好人"之类的话,署名"革命群众",针锋相对。"文革"后丁辛人当上了南方日报读者来信部主任,其中一个任务就是做好批评报道。退休后,他担任过广东省老记者协会副会长兼秘书长。

反右之后又反右倾机会主义,又将那些讲真话的人打下去。比如兼任南方日报副总编辑的新华社广东分社社长杜导正因为写了内参,批评浮夸风现象而被打成右倾机会主义分子。

三、"纠偏"之后舆论监督恢复期

浮夸风过后中国进入了以大饥荒为特征的经济困难时期，1962年1月11日至2月7日，中央召开扩大会议——"七千人大会"，纠正"左"的错误。杜导正被打成右倾机会主义分子，两年后得以平反。到了"文革"期间，杜导正又被批斗了，1970年，被安排到南方日报当革委会副主任，我也在同年进了南方日报社，所以认识他。他后来先后到光明日报、新闻出版署任第一把手。

"七千人大会"纠正"左"的错误之后，《南方日报》上又可以进行批评报道了。1960年7月，广东省委第一书记陶铸要求《南方日报》在第一版刊发批评报道。他在省委工作会议上提出，报纸主要是表扬鼓励，但也要有适当批评，对具体工作中的缺点要有揭露，才有战斗性。

然而，好景不长。到了1962年，政治气氛又越来越紧张。后来有了一个口号"阶级斗争要年年讲、月月讲、天天讲"。南方日报编委会发出了一个通知，关于报纸不做点名批评的通知，说批评报道对事不对人。批评报道对事不对人怎么批呀？没有对象，根本搞不了。在这种情况下批评报道没有办法做下去。但有一些报纸还是想了办法，老虎我打不了，打苍蝇打蚊子行不行？《羊城晚报》有个《五层楼下》专栏，类似后来的《读者来信》专栏，对官僚主义等不良作风，可以批评，文章很短。

四、"文革"中颠倒黑白的监督

"文革"就要开始了,风声紧了,即便像《羊城晚报》那类"打苍蝇"的一般性批评报道也很难做下去了。到了"文革"时期,《南方日报》《羊城晚报》都在报上被公开点名了,说是"造谣放毒"的报纸。《羊城晚报》在风雨飘摇中停刊,《南方日报》则卷进了"文革"的政治旋涡中。那时不是没有监督,但都是些颠倒黑白的监督。南方日报总编辑黄文俞等领导被点名,攻击他的大字报满天飞。

五、真理标准讨论后舆论监督提升期

党的十一届三中全会和真理标准讨论之后,恢复了批评报道并提升了舆论监督的水平,媒体的批评报道非常多。《人民日报》《光明日报》在真理标准讨论当中,冲破思想禁区,批评思想僵化,对背离十一届三中全会政策的一些行为进行了揭露、批评,对恢复我们党的优良传统、落实党的政策鼓舞很大。《南方日报》等省委机关报批评报道的力度也很大。后来随着反腐败斗争的深入,南方报业的《南方周末》和中央电视台的《焦点访谈》,成为"一南一北"重要的舆论监督力量。

  这个时期做舆论监督比较顺畅，没有多大的阻力。为什么我讲"恢复"？因为"文革"破坏了批评报道，"反右"也破坏了，十一届三中全会以后恢复了批评的好传统。为什么讲"提升"呢？20世纪50年代是没有深度的批评报道，不会去追究社会根源、体制上的问题等。但到了十一届三中全会之后就出现了舆论监督的深度报道，不仅揭示问题，还要进行深度的分析。《南方周末》在这方面做出了特殊的贡献。

第八章

报人风骨

一、曾彦修与杨奇

讲到南方报业的文化和风骨,首先得提一提曾彦修和杨奇。

2015年3月3日4时43分,曾彦修不幸逝世,所幸对其史料的抢救工作在其生命最后几个月内已经完成了。

作为南方报人,我一直在关注这位德高望重的老前辈。我看过他的一些作品,包括陆续发表在一些刊物上的回忆录或口述史。然而,真正作为一个历史人物去研究他,还是这些年的事。从南方报业退位进入暨南大学新闻与传播学院后,我对新闻史有点兴趣。我的博士生、硕士生也很感兴趣。南方报业的发展轨迹在外人看来有点神奇,作为南方报人应通过研究向世人呈现其真面目。前几年,我的博士生、南方报业传媒集团副总编辑曹轲与我想到了一块,《南方日报》创办者曾彦修、杨奇已超过90岁高龄,再不从他们身上抓紧收集、挖掘史料,将来会留下极大的遗憾。南方报业高度重视这一工作,曹轲总负责,南方报业下属的南方传媒学院的罗永新、我的博士生吴自力具体负责。我和曹轲及"口述史团队"集中访问了杨奇,从中了解到杨奇和曾彦修的特殊关系,也从中可以看出他们为南方日报所做出的特殊贡献和留下的宝贵精神财富。

谈到"南方"时,我曾经说过"这里有责任、担当、勇气的南方基因的传承"。那么谁是"南方文化基因"的植入者?是曾彦修和杨奇。

《南方日报》于 1949 年 10 月 23 日创刊后，曾有过"杨曾时代"和"曾杨时代"。创办初，南方日报社长由华南分局统战部副部长饶彰风兼任。饶彰风说："我主要是协助参座（指叶剑英）做统战工作，办报的事情就靠各位了，希望南下的老大哥同香港来的干部团结合作，办好《南方日报》。"因此，报社的具体事务就由杨奇、曾彦修负责了。杨奇作为副社长负责经营和其他社务工作，曾彦修作为总编辑专管采编工作，《南方日报》发刊词《新的中国，新的广东》就出自曾彦修之手。这就是"杨曾时代"。饶彰风担任社长只有几个月，后来社长改由已是华南分局宣传部副部长的曾彦修担任，副社长杨奇兼任总编辑。这就是"曾杨时代"。杨奇对我说："我们两人，他来自延安，我来自香港。不管是'杨曾时代'还是'曾杨时代'，我们都合作得很好。"

来自延安的曾彦修，与来自香港华商报的杨奇等人办报的思路、风格有所不同，但在曾彦修和杨奇的带领下，解放区办报气质与非解放区办报气质很好地融合在一起了。那个时期不仅在宣传党的路线方针政策方面做得好，批评报道也很有特色。杨奇写的批评广州有机肥料厂盲目兴建的报道就是典型的案例。那是 1951 年 6 月间，南方日报通讯员反映：广州兴建的有机肥料厂未认真论证就上马，投资和流动资金全部用完还未能开工。从当时的实际条件来看，也根本无法建成这样的现代化肥料厂。于是，杨奇写了一篇批评报道，《人民日报》于 8 月 16 日刊登。见报前一天，杨奇对时任广州市副市长朱光说："我明天要批评你。"朱光很大度，没有反对，后来还在《南方日报》上发表了检讨文章。朱光调到外地后，与杨奇互相通过信，共叙情谊。南方日报社长的继任者王匡、黄文俞等，继续把批评报道传承下来。多年之后诞生的《南方周末》《南方都市报》批评报道风靡一时，是有其历史渊源的。

作为报人的曾彦修和杨奇，有责任、勇气和担当。曾、杨两人，一个被错划为右派，另一个受冤被打成"大老虎"，直至党的十一届三中全会后两人才正式平反。他们有一个共同点，敢于担责，恪守讲真话的文人风骨。而且，两人都高寿，曾彦修活到96岁，杨奇如今97岁高龄依然步履稳健、思维敏捷。

好人办好报！好人终有好报！

二、丁希凌与陈培

业务熟悉后，我自然对新闻有了痴迷感，而南方老一辈报人的人格和报格也让我仰慕不已。

我在梅州记者站之时，发生了平远县有人状告南方日报副总编辑区汇文的事。当时省委派工作组到各地宣讲十一届三中全会精神，区汇文被派至梅县地区。他在平远干部大会上讲述了新加坡、中国的香港和台湾的发展速度，谈到了我们的差距和紧迫感。长期受到思想禁锢的人们都不知外界的变化有多大，所以他的讲话被认为精彩而赢得一片掌声。然而，掌声过后，一些人凑在一起议论又觉得不对劲了，一封告状信寄到了报社，帽子够吓人，说区汇文鼓吹"大陆不如台湾好，共产党不如国民党好，社会主义不如资本主义好"。报社党委书记丁希凌看到告状信后，认为区汇文的讲话没有问题，区汇文也理直气壮地表明对自己的讲话不后悔、不收回。

当时农村政策的落实着重围绕"农民的生产自主权"和"大包干生产责任制"而展开。《南方日报》刊发了许多推动政策落实的好典型，也发表了大量批评报道和评论，对阻挠十一届三中全会精神贯彻的现象进行抨击。这需要有承受巨大压力的勇气，因为对农民生产自主权尤其是"大包干"的问题，不少地委、县委、公社书记思想上是不通的，其实从省到中央也一样有两种声音。在这一背景下，当时省委召开省、地、县三级干部会议研究农村工作时，有的地、县委书记在会上责难《南方日报》的报道，放言"《南方日报》这回跑不掉了"，要"秋后算账"了。时任南方日报党委书记的丁希凌和另一位领导即后来担任了总编辑的陈培在会上讨论时，理直气壮地予以回击。丁希凌在小组会议上慷慨激昂地表示，对农村当前的形势的看法其实就是对贯彻十一届三中全会的态度问题，是愿不愿意冲破思想禁区、拨乱反正的问题。他还将发言稿送到当时梅县地区的简报组，要求他们支持。他的发言稿通过简报组刊登出来，发到了每位与会者手上。

党的十一届三中全会之后，读者对《南方日报》比较高的评价有两条，一条是政策宣传非常好，另一条是批评报道搞得好。作为总编辑，陈培不遗余力地抓好这两方面的报道并配发评论，每天下午编前会结束后，他就根据当天的稿件安排情况写评论，写好了才下班。那时作为主流媒体的《南方日报》强势出击，做到了领导机关和读者都满意。1984年，我任南方日报编委兼广州记者站站长的时候，写了篇批评报道，批评黄埔港粮食转运站粮食浪费很大，陈培看了之后即安排发在8月8日《南方日报》紧挨着头条前的位置，实际上就是第一版头条见报。陈培还为此配发了评论《应当追究谁的责任》。一年时间就把问题解决了，广州市奖给南方日报1000元。我当时月工资才60元，1000元是我月工资的十多倍啊，但这是奖给集体的，我一分钱也没有得到，但我觉得报道很有价值，很感谢陈培对这篇稿件的突出安排。

我们报社在老社址环市东路466号大院办公的时候，丁希凌社长的门是敞开的。有一天，有一个人跑到他办公室扇了他几巴掌就走了，后来发现那人是精神病人。此事发生后，丁希凌依然开放式办公，因为他认为这是偶发事件，不能因此改变南方日报历来的传统。我当一般记者的时候可以直接进到丁希凌的办公室。还有林若当我们党委副书记的时候，他那么严肃，我一样可以直接去找他，那个年代这是非常正常的。这个传统，我也把它延续下来了。我觉得，员工绝大多数还是很自觉的，没有什么事不会随便打扰你，既然要找你肯定是有什么事要解决。能解决的解决，不能解决的要做说服工作，没有必要回避。当然，我也不能说这种方式最好，各单位也有不同的情况，现在的情况也更复杂一点。但我觉得，早些年坚持这种传统，在当时的条件下应该讲是对的。我从当总编辑到当社长11年敞开了那么久也很安全，也没有影响到我的工作。而且，多听意见，了解一下情况、看法也有好处。

第九章

新闻官

一、工作原则：不搞圈子，按规矩办事

有的人把坚持原则跟粗暴联系在一起，我觉得两者没有什么必然联系，因为原则的东西就是按条例的规定、从制度的要求出发，为什么一定要用粗暴的态度去贯彻呢？

南方报业推行财务委派制有阻力，我尽力做好说服工作。我当社长时发现一个问题，下面一些机构截留、挪用广告费等资金，如果不解决，不知哪一天会把谁送到监牢里面去。如果财务由集团掌握，就不会发生做假账欺骗集团的情况。一定要靠制度解决这一问题。

我担任南方报业第一把手之后，提出财务一定要按照规章制度来办，不能做黑账，账面上一定要清清楚楚看到钱的去向。财务部门拿出了实施方案：一是下属单位的财务由集团委派；二是所有员工的工资、奖金一律通过集团财务部打到每个人的存折里面，不允许拿现金。现在来看这不是什么新东西，但当时是集团财务管理的一项重大改革。下属单位有的奖金高，他们担心这样做会影响他们的奖金发放，难以调动他们的积极性。相当部分人想不通，有的人就给我打电话，还有几个人说跟我聊天，其实就是想通过集体的力量说服我改变主意。我态度坚决，已经定了，不会再改变。我没有跟他们发脾气，耐心跟他们讲，说对他们有好处。我明确宣布，按承包规定得到的奖金绝不克扣，该给的钱一定会给。财务透明，拿钱也拿得安心。

原则问题必须坚持。当领导无论如何一定要按规矩办，要客观、公正地处理问题。不能因为谁的声音大，就特别给他什么，谁特别柔弱，你就欺负他，这就会败坏规矩。坚持原则完全不用盛气凌人的态度，可以平等交流，以一种良好的气氛跟人沟通，效果会更好。财务委派制闹了一番之后，大家都接受了。我们也承诺了奖金兑现方案。实践证明是好制度的话，最终大家还是会佩服你、支持你的。原则问题，我肯定不会妥协，包括用人制度。每个人，肯定跟有一些人平时来往多一点，有一些来往少一点，很自然的，但我不会说跟你来往多一点、比较亲近，就无原则地对你退让，还是要按规矩办事。

二、人才观：不论资排辈，关键岗位看才能

我担任集团领导时，有两个问题是我经常考虑的：一是集团的发展战略，二是人才的培养。一个企业要发展，必须有发展战略并以此统领全局，而战略的完成则需要依靠人来做。我要考虑营造人才快速成长的环境，把传媒的新闻人才、经营人才和复合型人才聚集在身边，把有思路、有潜力、执行力强的人用到关键的岗位上。第一把手是帅才而不是将才，关键是要有创新思路。

南方报业历届领导班子都非常重视对人才的培养。当然，在不同的时期有不同的用人观念、举措。李孟昱当社长、我当总编辑那时候开始，我们就建立了人才竞争上岗机制。到了我当社长的时候，又将这个机制向前推进。所以，我觉得，南方报业的人才培养、发展有一个历史的过程。到了我担任第一把手时，历史上留下了很多优良的传

统，在我这个年代很幸运地把它积累下来，并尽可能把它发展得更好。

竞争上岗，就是不拘一格选人才。通过个人观点、思路的表达，结合平时的表现，本部门的人与别的部门的人投票，集团领导班子也投票，进行认可度测评，确定所任职务是合适还是不合适，打破了论资排辈的老规矩，将优秀的人才挖掘出来。

刘红兵就是一个很好的例子。他研究生毕业后到南方日报当记者，3年后竞争上岗他就担任了部门副主任，属副处级干部。又过了3年，他再次竞争上岗当上了正处级的部门主任。当时省里正好公开选拔干部，他报名参加公选。公选有个规定，副处级干部也可以参选副厅，结果他通过自己的实力被选拔为广东省广电局副局长。数年后，他先后在珠影、羊城晚报报业集团、南方报业传媒集团担任第一把手。他各方面表现都不错，是德才兼备的好干部。当然，如果没有当年南方报业这种竞争机制，这位优秀人才就没有那么快被挖掘出来。

从前任社长李孟昱开始，我们采取人才竞争上岗的办法，解决了很多问题。我在推进过程中，提出了几大人才观念，这个在我写的《南方报业战略》这本书里就提到了。我有个观念，就是要让每个员工找到他乐意干的工作、适合干的工作，如果他不适合，你硬要强迫他干，就不利于发挥他的长处，不利于人才的培养。当然，吊儿郎当的另当别论。正常情况下，要考虑各人的长处，因此在竞争上岗的基础上我们又建立了内部人才流动机制。所谓内部人才流动机制，我历来主张在报业内部，哪个部门某个人想去，部门又非常需要他，希望他过去，就尽量让其流动。原来的部门可以挽留他，如果挽留不住，应该支持他过去。如果叫我来拍板，我就让他过去。内部流动起来好过他跑到外面去。如果内部不流动，他一气之下跑到外面去，人才就流失了。所以我就鼓励人才内部流动，让每个员工找到适合自己的岗位。当然，这种流动是有序的，不是无序的。那个单位说要他，我还要看是不是真的需要，还要考察一番。不是说你要多少人就多少人，我们还要考量、研究的。

在人才使用的过程中，非常关键的岗位一定要看他的德才，不是看他的资历。他在这方面有才、有能力，就要把他放在这个岗位上去，当然对资历老的同志也要适当照顾，不照顾也不合情理。但如果他的能力适应不了这个岗位，就不要放到这个关键岗位上去，可放到适合他的地方发挥作用。

在南方报业内部的竞争上岗中，还有能上能下、能进能出的机制，这也是有利于我们报业人才的流动和使用的。

我们到大学去招人，不管什么情况，每年都一定要，因为要防止人才断层。新进来的人的观念、学识是不同的。进人空下来，尤其是几年不进人，人才结构不合理，后面会带来很大的麻烦。人才不只是为了眼前需要，还要有储备，着眼长远。所以，我也曾说过，人才流到外面不可怕，可怕的是只出不进，大量有用的人流走了，有本事的人不愿意进来，那就难以为继了。如果说很多有本事的人对我们南方报业非常向往，想进到南方报业找到施展才华的平台，这就是一种泉涌效应。你把泉水池里面的水拿掉一部分，后面又涌现出来了。若进来的人与走的人形成一个顺差，这样的人才流动则一点都不可怕。现在年轻人上手非常快，经过两三年磨炼就上来了。我跟大学生讲课的时候常谈到这个问题，我说如果人家不走，你们根本进不来，好在有人走，你才进得来。所以对人才流动的问题，要用新的人才观念去看待这种现象。

我们要营造吸纳人才的良好环境。出去的人，兜一圈以后，有的人发现南方报业还挺好，有的又回来了。还有一些出去的人，成为我们报业的资源，他们做媒体项目，与媒体进行这样那样的合作首先会想到南方报业。所以，人才适度流出也是好事。如果一个单位没有人才流动，有可能是这种情况：单位无优秀人才，没有人来挖！不断有人来挖，说明这个单位的人才充满活力，储备比较充足。

一山望着一山高，优秀人才始终会流失一部分。有人说，那为什么不用高工资把人留下？这不容易做到。比如有的记者，每月也只有一万元左右。工作了两三年以后，他跑的那条线已有丰富的人脉资源，人家也知道他挺能写的。到一个效益好的企业去当个小头目，年收入可能就是30多万元。报社往往出不起这个数。当然也有的人不是为了钱，看到传统媒体衰落了，奔着更好的平台去的。

三、队伍建设：有贡献的人，一定要提拔起来

江艺平是这样，她能够当副总编辑是很不容易的。

江艺平是有才华的人，文章写得不错。我曾经分管南方日报地方新闻部、南方农村报，她在这两个部门当过领导。我观察，她的采编能力很强。她28岁就当上了副处级的部门副主任，提拔很快，后来当上了南方报业的社委，但再往上提就难了。每次动议提拔的时候，尽管她的民意测验票很高，但也很难往上提。她分管过南方周末、21世纪经济报道，对南方报业的发展是有过贡献的人。所以，我们还是

希望把她提为副总编辑。当时在搞民意测验的时候，她的票最高；另一位王更辉也很高。因为江艺平票数最高，而且资格也老，所以排了个队，先解决江艺平，再解决王更辉，后来都先后提拔了。在解决过程中，有一些曲折。上头有的人不同意，但我坚持要提拔，南方报业另几位主要领导杨兴锋、王春芙、钟广明意见也比较一致。时任省委副书记也起了很大作用。我们向上级反映，陈述理由，上头终于同意了。

这不只是对一个人的看法的问题，还有怎么看待一家报纸的问题，这也是用人的标准、用人的理念的问题。

四、宽容犯错，但最不喜欢两种人

我曾经说过，一个人犯了错误不要紧，我们要宽容为改革发展而犯的错，但是我最瞧不起的是职业道德不好的人。打着报纸的招牌招摇撞骗，敲诈勒索，或者滥用报社的资源到外面捞钱，吃里扒外。这两种人我是非常讨厌的。对敲诈勒索、职业道德不好的人，我历来是主张严肃处理。但是对在办报的过程当中，因为办报的理念、对事业的追求，出现了这样或那样问题的人，在严肃对待、积极整改的同时，我们还是要讲政治上的底线。

当然，媒体和媒体人也有一个自律的问题。有的记者用批评报道去吓唬人，用批评报道去敲诈勒索。我当总编辑的时候，《南方日报》曾在第一版登了一篇批评报道。然后，某报驻广东的机构就给这个单位写了封信："看到《南方日报》这篇报道，写得很好，我们的媒体要转载。如果给我们赞助 2 万元，就不见报了！"这是明目张胆的敲诈。那还是 20 世纪 90 年代的事。后来敲诈的数额越来越大。对这种现象我是深恶痛绝的。我曾说过：凡是敲诈勒索或吃里扒外的决不放过，一定要查处。

第十章

传媒教育

一、当院长：做加法建立准记者训练营

我快要从南方报业领导岗位退下来的时候，当时有几个单位要聘我，有一家大学的研究所说让我过去当所长，还有的网站要我过去当总裁。我最终选择了去暨南大学新闻与传播学院当院长。

暨南大学现任党委书记林如鹏，曾在暨南大学新闻与传播学院当过领导，是这个学院的教授、博导，后来当上了校长助理、办公室主任、副校长。他给我打电话，说与胡军校长、蒋述卓书记商议过，要聘我到新闻与传播学院当院长。我与林如鹏曾打过交道，但不是很熟悉。在几次餐桌上，他听我讲过办报的理念，他觉得我这个人还比较靠谱，然后他就跟学校的主要领导汇报。我对他说，暨南大学是我的母校，我愿意过来，但一定要等到完全从南方报业的领导岗位上退下来后。2006年11月中旬，我从南方报业领导岗位退下来之后，就到暨南大学那边上班了。我从来没有考虑退下来之后的去向，更没有去找人。只是想忙了大半辈子，退下来可以赋闲，看看书、散散步、逛逛公园。想不到还有这么一个好去处，我很乐意到大学去，因为在任时碰到的事太多，真想到一个能研究问题的机构好好梳理、思考一下。

在暨南大学新闻与传播学院当院长，我力求做加法，少做或者不做减法。作为学院当然也应该做做减法，但不是我这个年长的"新老师"来做。所谓加法就是新闻学院现在没有的，我把它带进去，以新的视野、新的做法输进一些新鲜空气。为什么不做或者少做减法？因为暨南大学新闻与传播学院经过历史积淀，有非常丰富的办学经验，很多做法是非常好的。我从来没有做过传媒教育，一时分不清哪些是优良的哪些可能是过时的，如果我进去后随随便便做减法，以大破大立的势头弄得沸沸扬扬，最终会很难收拾。我年纪大了，精力有限，只能做能发挥自己优势的事。所以，加法我多做一点。减法由谁来做呢？由学院有一定资历的领导、老师来做。

我最大的优势是业界工作时间很长，有一定的实践经验，也有不少教训，对于哪些方面应该做、哪些方面不应该做，能做出较好的判断。传媒教育哪些方面与业界不太适应的，我基本能看清楚。此外，我与业界有很密切的联系，容易与他们沟通，可以将业界的资源用好。

我到了暨南大学以后，先从贯通业界做起。我做的第一件事就是设立了这样一个项目——"暨南大学准记者南方训练营"，请南方报业采编精英给新闻学生讲课。开始时有研究生也有本科生，后来研究生有了新的培养方案，就直接面对本科生了。本科二年级即将升三年级的学生经过培训后，进到南方报业见习，南方报业建立档案，全程跟踪见习情况，优秀的招聘时优先考虑。见习成果不只是发了多少稿，还让他们对报业有了一定的了解后能更有针对性地搞好学习。同时，与业界的老师建立联系后，可以经常到业界调研，或进行各种形式的实践。

我只开创了与业界贯通的良好风气，然后就是大家一起去做。相继有暑期的"传媒领袖讲习班"，还有其他老师针对不同专业创办的"训练营""特训营"，乃至老师带着学生"走出去"，参与边疆行、海疆行，与南方报业创办海外华文见习基地，到国外去采访等。通过社会实践，拓宽老师和学生的视野。

"传媒领袖讲习班"是当时常务副院长董天策提出来的，这个也是把业界跟学界拉近一点距离，共同探索传媒业的发展。我支持董天策提出的方案，我比较熟悉业界的老师，由我帮忙组织落实。比如当时凤凰卫视《有报天天读》的节目主持人杨锦麟，我能请到。我对杨锦麟说："老杨，我这个是公益性的，来听课的学生是不收钱的，你要来做做公益。"他说："哎呀，老范，咱们两个就不要讲钱的事了。"他曾经来给我们讲过两次，而且每次他还嫌时间太短，他要讲一个上午。我们只给他一个多小时，他不满意。董天策调走后，执行院长支庭荣继续做，除了国内知名的媒体人，他还提出后半部分请国外传媒人全英文讲课。现在做了十年，已成为品牌，社会影响力很大。

二、做老师：新闻"微"茶座释疑解惑

2011年，我在新浪微博和腾讯微博上连载的"新闻'微'茶座"系列，后来结集成书。起初，学生在微博上问我就业的问题，我回答了。"就业篇"的话题一打开，提问的人很多，我每天围绕一个专题进行探讨、互动，连续用了30天。意犹未尽，继而增加了"学习篇""见习篇""伦理篇"。结果就是四个系列，100个专题。

开始交流的时候，试图用私信，但我很快意识到有局限性。我个人的回答并不完整，应该拿到大庭广众中让学界、业界共同来讨论，集思广益比我个人的回答要好。我只是设置议题并谈初步的看法，然

后让大家提问题，我不断跟进回答。回答不了的，网友会帮我回答。而且，如果我有些观点错了，也允许别人批评。也避免不了有挖苦、讽刺的，这并不要紧。这几个系列都是老师、学生非常关注的问题，探讨、互动的热情非常高。一般都是晚上交流，有时交流到凌晨两点。三个多月下来，粉丝猛涨几十万，最终新浪微博粉丝有170多万。我将四个系列百个专题几十万字的探讨和互动内容精选出15万字，交由南方日报出版社出版了《新闻"微"茶座》一书。

出微博书我不是第一本，但全微博体书我是第一本，也是首部新闻业务类的全微博体书。其他人的微博体书，序言、后记等是超过微博字数的。我这本书序言、作者简介、后记等都不超过一条微博的字数。中国人民大学新闻学泰斗甘惜分，著名学者喻国明、陈昌凤，业界知名人士杨锦麟、陈菊红、陈彤、曹轲等7人给我写的序言，都是通过私信发过来的。特别令我感动的是，当时已90多岁高龄的甘惜分教授，因病卧床，他在病榻上给我写序，然后叫儿子打印出来再修改，最后通过他的微博用私信发给我。

此书出版后，几家杂志发表了评价的文章。

附录之一：

入乎其内，出乎其外，破中有立，融合创新
——读《新闻"微"茶座》的三点思考

郭亦乐

泡上一杯热茶，翻看范以锦新鲜出炉的《新闻"微"茶座》，确有眼前一亮之感。

2011年11月到2012年3月，暨南大学新闻与传播学院院长、教授、博士生导师，南方日报原社长范以锦在新浪、腾讯微博开辟"新闻学生茶座"，先后发布就业篇、见习篇、学习篇、伦理篇4个系列百篇微文。每发一篇，包括学子、老师、年轻新闻工作者都积极互动探讨，范以锦也即时解答疑难。如今百篇微文及与博友的互动点评已结集成《新闻"微"茶座》由南方日报出版社出版。这是国内首部全微博体新闻业务类书。

这分明是一本"小"书，说她"小"，是因为百篇微文，以及所有的互动点评，都严格控制在140个字内，颠覆了我们之前对于新闻理论、大家著述的传统印象；而这分明也是一本与时俱进的具有标志意义的典范之作，因为她顺应着这个"微"时代的特征，创造性地以微博为切入平台，信手拈来，蕴新闻理论与实务的精髓于"微言"，既有一针见血、入木三分的业界观察，又有授业解惑、师生互动的轻松与愉悦，真正是应了"山不在高，有仙则名；水不在深，有龙则灵"之精神，是新闻著述对新媒体方法的一次实践与创新。

授业而不说教，范氏语言中，深透着一个跨越于业界与学界的资深传媒人对"新闻"两字的智慧解读和精辟见解。

本书的几点突破和价值创新令笔者深有感触。

突破一：态度决定高度，是新闻著述对新媒体方法的一次实践与创新。

新媒体将如何影响我们的学术和出版行业，本书可以说是一种全新的尝试。

范以锦的"就业篇""见习篇""学习篇"和"伦理篇"中涉及的100个话题，看似随意，实则针对性非常强，可以说是抓住了当前传媒界的热点话题，在这背后，凸显的正是一个老辣的报人对传媒观察游刃有余的眼光。以微博的兴起为背景，以微博表达为平台，范以锦与那些在新闻行业浸淫已久的新闻人，以及那些即将进入新闻行业的准新闻人，还有那些意欲了解新闻业的各路人员，进行了一次内心深处的交流。

这是一个传统的媒体人以一种全新的方式与新的传媒形式互动，表现出传统报人对新兴传媒的观察、应用和再思考，不能不说是展现了一个报业战略家的视野和胸怀。

我们看到，进入21世纪第二个十年后，传播发生了天翻地覆的变化，传统由专业传媒人传播读者读取信息、信息的制造与读取模块分离的传播结构，变身为信息一元溶解结构，即信息的制造者同时也是信息的传播者，信息的获得者同时也是信息的制造者和传播者。

作为一名从传统媒体出来进入专业教学领域的报人，范以锦没有抗拒或者回避这种潮流，而是以他的方式进行了微博化的教学实践。100多万的"范粉"，让他的网上课堂拥有了扎实的受众基础。范以锦能建构起这种学术互动场，"建立有利于实现其目标的有意义的途径,其核心是理念、知识和语言"。而快捷的互动平台,更让这种个人的见解成为触发公众思考的火种。这种信息的交汇和互动,通过"无层次的融入与平等:每一个正在讨论议题的人尽可能地在参与协商中权利平等"。

突破二:入乎其内,出乎其外,有很强的针对性和现实观照意义。

王国维的《人间词话》曰:"入乎其内,故能写之;出乎其外,故能观之。入乎其内,故有生气;出乎其外,故有高致。"范以锦正是在业界和学界的出入、实践与思考的出入之间,建筑起了本书的现实价值。

书中所涉的"就业篇""见习篇""学习篇"和"伦理篇",是游走于业界与学界之上的一位观察者对当前传媒界热点话题的厚积薄发,对我国目前的新闻教育与传媒专业的学生,以及年轻的新闻工作者都大有裨益。

新闻专业学生如何选择就业、理想和现实之间有落差如何看待、如何能进入心仪的知名媒体……即将面临就业话题的新闻传媒学生的所有热点关注,几乎都能从范以锦的"就业篇"中找到启发。"如果在见习中发现新闻理想与现实有落差,你就选择放弃,那么请再作一些社会调查:哪个行业没有落差?最后还是回到志向和兴趣上来,如果新闻理想未泯,不应因'落差'而轻言放弃。"寥寥几语,读来却有醍醐灌顶之感。更何况,在博友的互动和追问中,一些个性化的话题也都从不同的侧面丰满和完善着话题的立体性和现实性。

同样,在"见习篇"和"学习篇"中,范以锦都以他师长、学者的身份给出意见:"传媒是实操性很强的行业,而且传播技术日新月异,媒介形态推陈出新,新闻理念不停更新,见习是不可或缺的功课。"而见习虽然重要，但并不意味着可以忽视专业的学习，所以在"学习篇"中，范以锦指出："新闻学实操性强，并不意味着可以忽视理论知识学习。'学'主要指理论知识层面，'术'强调的是与技艺相关的实操层面。'学'与'术'有联系，又有区别。'学'是'术'的基础，不学难有术；学了，不善于与实践对接依然乏术。新闻学生要积极寻找'学'与'术'的最佳结合点。"老范在"学习篇"中还指出，在大传播格局中应在通才基础上努力成为专才，"不要学得太窄"，要"培养持续学习能力"等，可谓是切中了当前传媒教育的肯綮。

本书从新闻教育领域切入，但又应合了"新闻"两字，跳出其外对社会上争议较大的热点事件热点话题从伦理的角度进行了观察和思考。当人身伤害事件新闻发生后，不报道会漏新闻，报道又有可能产生二次伤害；不深挖记者缺乏敬业精神，深挖记者又有可能造成人道精神缺失。比如"深圳西乡联防队员'强奸门'"，媒体和媒体人该怎么办？如何报道？报道的边界在哪里？

范以锦在《新闻"微"茶座》里的态度是：无休止的曝晒无疑是给受害者的伤口再撒上一把盐。为了吸引读者的眼球，不顾受害人的感受而造成二度伤害，媒体有失伦理底线。同样在这一篇章里，针对个人的传播道德边界，范以锦谈道，传统媒体中"与采访单位过于密切，很难保持超然独立精神，不能公正报道。记者为了获取更多新闻线索，也要多交朋友。友情与新闻伦理冲突时很考验人""朋友可以当，但不能成为百依百顺的新闻'情人'"。

范以锦的这种表述正是传统媒体所遇到的现实困境：领域太生疏，记者信息渠道就少，于是挖不出新料猛料；领域太熟悉，记者就需要照顾方方面面的感情，猛料即使到手边也会压着不发。

而除了这种对个人传播道德边界的思考,范以锦进一步提出,在新闻都网络化和微博化的状态下,机构的传播道德边界是什么?范以锦先生在《新闻"微"茶座》中对传统新闻的机构道德的表述为:"新闻单位常困扰于企业公关,一个要公关,一个要恪守新闻伦理,僵持中看谁被征服。由于各自的利益需求,媒企本来就有合作关系,冲突中会有妥协,但不能违背职业道德大原则。比如发生舆论危机时媒企可以进行正常沟通,但企业诚信与媒体伦理底线都不能突破。""'封口费'是'有偿'不'新闻'的典型案例,是对新闻伦理的严峻挑战。"

"伦理篇"是范以锦的《新闻"微"茶座》中篇幅最短的一个章节,但却是最具锋芒的部分,柔中带刚,掷地有声,从中可以看到范以锦对当前传媒领域的批判精神和反思态度。内容涉及范以锦对有偿新闻、权力假话、隐性采访以及道德约束等的看法和思考,可以说是对当前这个浮躁社会的一种理性回应。

突破三:注重用户体验,打破以往已知的封闭性和距离感。

翻看这本书,也是一个轻松的阅读过程。

论语式的表达中,点到即止,留给读者很多思考的空间,也为互动交流留下足够的余地。也因此,在博友的跟帖中,我们也不时看到精彩之语。也有博友将这四个系列的关系作了一个梳理:"学习是积累,见习是实践,就业是目的,伦理是根本。"

大雅大俗,是范以锦这本书的一大特点。新闻界一直在提倡"三贴近",要"寓教于乐",新闻报道要"喜闻乐见",而这些要求放在《新闻"微"茶座》上都非常贴切。四个系列,各个话题,既自成体系,又互相连接,随手翻看,心有戚戚焉。众多博友的跟帖和评说,是最好的评价和最有力的证明。腾讯网总编辑陈菊红说:"140字太短了,如何挤得下老范多年的行走和言说;140字足够长了,他最要紧的那些话,看一遍就可以印在脑中,揣起理想上路了。"正因为深知传媒行业的精髓,所以范以锦从微阅读的角度,让受众以最快的方式进入阅读,没有任何压力和负担地被老范"诱入"他编织的这个网络茶座中,而又欲罢不能地成为座上宾,不知不觉间又忍不住加入"灌水"的行列,一不小心又从茶座的看客变成了说书者。这种角色的自由转移,打破了以往书籍的封闭性和距离感,符合互联网时代的阅读特性,无论对教育界还是图书出版业来说,都有启示意义,也给读者带来了不一样的用户体验。

文以载道,书以传文,以文化人,不囿于古。我们不能说这本书尽善尽美,但其在学术实践上的价值有目共睹,在媒体转型的历史间隔中,这种结合给传统媒体以思路,给新媒体以启发,并带领更多的人,以新的角度和方式审视这个风云激荡、传媒业剧变的时代。从这个角度看,这本书尚留下不少再研究的课题。

(写于2012年12月。作者在暨南大学新闻与传播学院取得博士学位,历任南方日报社委、经济新闻中心主任,21世纪经济报道报系总编辑,广东云浮市委常委、宣传部长等职)

附录之二：

"范式"微言的力量

蒋昱思

作为暨南大学新闻与传播学院范以锦老师的硕士研究生，《新闻"微"茶座》我前前后后读了三遍，每次都有新的体会和收获。

第一遍是从2011年11月至2012年3月，范以锦老师以"新闻学生茶座"为名在新浪和腾讯微博上"连载"，我以碎片化阅读的形式追文几个月。当时正在准备研究生入学考试，为了"听"老师的茶座，白天在自习室里啃书本，夜晚在被窝里刷微博，徜徉其中，乐此不疲，后来担心追文过程中有所遗漏，又在网上看网友整理的茶座合辑。这一遍系统地读下来，和刷微博的时候感受又有不同。老师的茶座不同程度上解答了我接触新闻过程中遇到的疑惑，我从中受益良多。现在"新闻学生茶座"由南方日报出版社结集出版，即《新闻"微"茶座》。拿到书后，我欣喜不已，又从头至尾阅读一遍。这次阅读，抛除了考研时的功利主义心态，所获又远非第一、二次可比。这三次阅读，像一个爬山的过程，每次都比前一次爬得更高，当然，看到的风景也更加旖旎迷人。

范以锦老师的跨学界、业界的背景，使他有丰富的从业经验和较深厚的新闻理论功底，让《新闻"微"茶座》既具有一定的理论指导性，又具有实践的可操作性。他以一个资深传媒人和新闻前辈的眼界和关怀，向新闻学生乃至新闻从业人员提出了宝贵的建议。在书中，他建议新闻学生要积极寻找"学"与"术"的最佳结合点（"学"主要指理论知识层面，"术"强调的是与技艺相关的实操层面）。"学"与"术"的结合也是这本书的一个显著特点。

据我所知，范老师是第一个在微博上以微文形式给新闻专业学子开新闻茶座的传媒人，这种微博"茶座"的形式在其他领域也非常少见。凤凰卫视著名记者闾丘露薇在她创办的网站"一五一十部落"上为她在浸会大学的学生开设网络新闻课堂。但是这个网络课堂因为环境所限，不对外开放，只允许对新闻有兴趣的网友围观，实际上广大网友无法真正参与其中。而借助微博这个平等交流的平台，"新闻学生茶座"对所有的博友开放，参与者众。这里没有任何门槛的限制，只要你愿意，就可以参与其中。范老师的逾百万粉丝，就是逾百万读者，只要登录微博，就可以看到老师给新闻学生的真知灼见。博友有任何疑问或异见，都可以评论提疑，老师和众博友都可以帮忙解惑。在这样的一个完全平等互动的交流平台，"新闻学生茶座"形式上的创新远非其他传播途径可比。

"新闻学生茶座"分为就业篇、见习篇、学习篇、伦理篇四个系列，对新闻学生的就业、见习、学习、伦理进行了深入浅出的讲解，可谓相辅相成，比较全面地给新闻学生以及新闻教育提出了真诚的建议。在就业篇里，范老师针对现今传媒和社会发展的新情况，提出"泛媒体就业观"，指出传媒人才不一定非要到媒体就业，宽口径就业也同样行得通，千万不要挤独木桥。他还针对面试、跳槽、职业性别等提出了自己的看法，给新闻学生的就业观、择业观提供了借鉴。在见习篇里，老师运用生动的事例，针对新闻学生在见习中遇到的各种问题以及常陷的误区，给出了自己的意见和建议，是教育新闻学生正确见习的重要一课。在学习篇里，根据传媒业人才需求结构，范老师建议新闻学生理论和实践不可偏废，争取成为复合型传媒人才，并对当下高校的新闻教育提出了自己的看法。在最后的伦理篇里，范老师从采访者与被采访者的关系、伦理底线、新闻道德问题、隐性采访的正确运用等问题上着手，阐述了新闻伦理的关键问题，引发了博友的热烈讨论。就业、见习、学习和对新闻伦理的把握，是每一个新闻学生的必修课，它们环环相扣、相辅相成，任何一环出了问题都会影响新闻学生的总体发展和进步。而我相信，在《新闻"微"茶座》这本书里，范老师的许多建议会让新闻学生受益匪浅。

微博140字的容量也许很小，但《新闻"微"茶座》字字珠玑，微言里自有大义。里面的每一条微言，都是范老师几十年新闻传媒工作的经验总结，都体现着老师对新闻学生的关爱。这些真诚的话语和中肯的建议，每次发表都会引起新闻学生和众多博友的讨论。在这些评论和转发中，除了有各路新闻学生踊跃提问和共同解答问题，也有不少资深传媒人参与其中，比如著名媒体人杨锦麟、清华大学新闻与传播学院副院长陈昌凤、南方日报副总编辑江艺平、南方网总编辑曹轲等。有时候针对一个问题，博友各抒己见，讨论热火朝天。在这里，有的学生收获了新闻知识，有的开始反省自己的传媒观，有的思考新闻理想和现实的交锋，有的看清了自己内心的方向，还有的重塑对新闻行业的信心……作为在当时还不能严格算是新闻学子的我，在刷微博时看着各种思想交锋碰撞，思路开阔了不少，对新闻这个行业也认识得更加清楚了。自学成才的过程中，会遇到一些死关节，抓破脑袋也想不出所以然，但老师的一条微博、网友的补充评论，以集体的智慧打通我的"任督二脉"，让我如醍醐灌顶，豁然开朗。

韩愈在其《师说》一文中写道"师者，传道授业解惑也"，"范式"微言的力量，就在于给新闻学生"传道授业解惑"，就在于在

《新闻"微"茶座》的字里行间，有范老师给新闻学生最清晰的警醒和最真诚的建议。

（写于2012年11月，作者为暨南大学新闻与传播学院新闻学硕士）

三、十年发表新闻论文或观点性文章200余篇

当老师令我感到很愉快，不像在业界当领导时有那么大的压力。我跟学校的校长讲过了，我不管那些琐琐碎碎的事，也不把什么权力都揽过来。我们学院有常务副院长，后来改为执行院长，很多日常工作由他去承担。我做一些重要的事，做我能够做的事，这样就可以腾出时间来研究教学问题，研究怎么样跟业界联络的问题，也能够将自己带的研究生关照好。我每年招6名硕士生、1名博士生，有时还招海外博士生。这需要花一定的精力来做。

对我指导的学生，我还是比较负责的。我会定期召集他们一起聊聊，各人有什么事，随时可约时间见面。还可以在微博、微信里或通过电话、邮件与我联系，无特殊情况我都会及时给他们回复。另外，也会出一些题目让他们去做，在刊物上发表文章。

研究生写的文章拿给我，要我共同署名，我坚决不署。他们的文章我觉得可以，会给他们推荐一下。我想到要写的题目，或者与学生在共同探讨问题时觉得题材不错，我就叫他们先把提纲写出来，我再对提纲进行修改。然后，让他们先写初稿，或者各自写再拼在一起。

在共同完成的稿件中，一定要让学生得到磨炼，我也一定要认真修改后才拿去发表。对于我指导的硕士研究生，我都给他们布置过论文写作，他们几乎都在刊物上发表过论文。

在学术方面，在还没有到暨南大学新闻与传播学院之前，我在业界工作了那么久，全部加起来的论文可能还没超过十篇，但我到暨南大学后每年发表10多篇。当然真正有学术含量的并不多，大多针对具体的传媒现象来写。到了学界，我有时间思考问题了，平时看到有什么重大传媒事件，有哪些与传媒相关的社会问题，我都会去思考，很自然地用新闻传播的理论去分析这些问题。起初是我自己主动写，后来不断有人向我约稿。

从2007年开始，每年年终我都会对中国发生的重大传媒事件进行点评。起初分别发在《新闻与写作》杂志和《南方周末》上，后来不再发在《南方周末》，而是专供《新闻与写作》。一直坚持至今。除了讲事件，还有几句点评，有一定的社会影响力，尤其是学界，考博、考硕的学生也比较关注。

我曾经写过一篇论文《舆论监督与社会政治生态环境》，被刊登在中国传媒大学学报《现代传播》2010年第12期。我专门研究了中华人民共和国成立以来的舆论监督情况，每个时期社会政治生态环境对舆论监督的影响。20世纪50年代初、"反右"之后、"文革"动乱年代、党的十一届三中全会和真理标准大讨论时期、社会矛盾凸显的转型期、新媒体快速发展的当下，每个时期舆论监督的特点和社会环境都研究了。新中国成立以来的各类运动我基本上都清楚。"反右"的时候，我上小学四年级，我们小学有一位老师就被错划为右派。"反右"斗争情况我很清楚，"大跃进"、经济困难、"文革"、真理标准讨论等各个阶段都比较了解，要探讨的是各个阶段的社会政治生态与舆论监督有什么内在联系。经过思考、研究形成了思路，文章也就写出来了。发表后，人大复印资料也转载了。

我针对有的人动辄就把他们不喜欢的新闻称为"负面报道"的现状，发表了《"负面报道"：一个被模糊了的概念》一文。

这起于2007年11月21日，《南方周末》发了我的署名文章《负面报道不是负面影响》。题目是他们改的，我觉得改得不太准确。"所谓负面报道不一定是负面影响"——按这个意思来表达比较好。做了修改后以《"负面报道"：一个被模糊了的概念》为题发表在《新闻与写作》2008年第3期，《新华文摘》全文转载，《人民日报》的内刊《理论动态》也全文转载。转载以后，掀起一场有关"负面报道"的讨论，讨论得非常热烈。有人赞同我的观点，也有人反对我的观点。国台办办公室原主任、厦门大学新闻学院院长张铭清，在《南方周末》发表一篇文章赞同我的观点。我觉得"负面报道"是个非常含糊的词，有的人说反正不好的事就是负面报道，那舆论监督的报道、现在大量公布的腐败案的报道是负面报道吗？我那篇文章也不是说"负面报道"的概念完全不提，只是说这一概念当今已被模糊了，要慎用，不能乱用。这篇文章有针对性，因为有搞不正之风的人借"负面报道"之名，去反对舆论监督。我的文章发表后，中宣部也有人在会上讲了，说"负面报道不等于负面影响"。当时湖北高院的一位领导，也赞同这个观点。这篇文章挑起一场讨论，你说文章很有学术含量，谈不上，但针对性比较强。当然也有学术的问题，就是"什么叫负面报道？"我把它归纳成三种，"负面事件""负面报道""负面影响"——三个不同的概念，属于不同的层次。

附录：

新闻论文或观点性文章一览表（2007—2019 年）

1. 《"学""术"并举 "学""术"相长》（2007 年）
2. 《十大传媒事件》（2007 年）
3. 《拷问传媒教育》（2007 年）
4. 《夹缝中报业人事制度创新》（2007 年）
5. 《平衡媒体生态的三种力量》（2008 年）
6. 《大地震报道颠覆了过时的"负面报道"概念》（2008 年）
7. 《创新思路，打造有特色的传媒资本运营模式》（2008 年）
8. 《创新：广东媒体发展的动力》（2008 年）
9. 《良性互动与舆论环境的优化》（2008 年）
10. 《让市场催生传媒职业经理人》（2008 年）
11. 《"负面报道"：一个被模糊了的概念》（2008 年）
12. 《涨价洗牌中，谁输赢？》（2008 年）
13. 《是特例，还是制度化良好开端》（2008 年）
14. 《舆论监督的风雨苍黄》（2008 年）
15. 《"管控"管出"负面影响"的放大》（2008 年）
16. 《不公开，付出的代价更大！》（2008 年）
17. 《见证报业 30 年》（2008 年）
18. 《传媒教育要着重培养三项创新能力》（2008 年）
19. 《都市类媒体：构建舆论引导新格局的重要一员》（2008 年）
20. 《2008 重大传媒事件》（2008 年）

21. 《"舆论影响"不等于"舆论判决"》（2009年）
22. 《地震周年报道的温情与责任》（2009年）
23. 《道德失范还是刑事犯罪》（2009年）
24. 《"躲猫猫"事件背后媒介与政府关系分析》（2009年）
25. 《大传媒新格局下的传媒创新》（2009年）
26. 《贴近本土，做大区域影响力》（2009年）
27. 《立体式舆论监督场彰显监督强大力量》（2009年）
28. 《涨价风潮中同质纸媒的尴尬与突围策略》（2009年）
29. 《浅析寓言新闻》（2009年）
30. 《跳桥秀报道的传媒伦理悖论》（2009年）
31. 《2009年十大传媒事件》（2009年）
32. 《改革考验下的行业报定位：市场说了算》（2009年）
33. 《"财经困局"折射"制度设计"缺陷》（2009年）
34. 《从跟随者回归到引领者》（2009年）
35. 《权威媒体在和谣言博弈中如何胜出》（2009年）
36. 《网络舆论考验官员执政能力》（2009年）
37. 《假记者折射出真记者的真问题》（2009年）
38. 《靠"人才差异"打造竞争力》（2009年）
39. 《业界需要什么样的传媒人才》（2009年）
40. 《营销影响力：危机之下见功夫》（2009年）
41. 《评奖的字数限制还有多少意义》（2010年）
42. 《传媒教育的分类分层分级值得探索》（2010年）
43. 《变话：具有示范意义的"舆论引导"创新》（2010年）
44. 《敏感题材就避而不报吗？》（2010年）
45. 《善用策略传播才能化险为夷》（2010年）

46.《范围经济视角下的全媒体运营及思考》（2010年）

47.《网络实名制是个系统工程》（2010年）

48.《数字报发展现状与经营困境突破》（2010年）

49.《突破媒介边界，推动报业转型》（2010年）

50.《群雄逐鹿，胡舒立团队尚能胜否？》（2010年）

51.《全媒体决非"大而全"》（2010年）

52.《媒体面对的"最后距离"——杀童案新闻引发的思考》（2010年）

53.《新媒教育：技术与理念并举》（2010年）

54.《报格愈是坚挺，市场空间愈是宽阔》（2010年）

55.《传世花瓶更养眼——新闻碎片化时代如何还历史公正》（2010年）

56.《用报格和人格营造"记者家园"》（2010年）

57.《机关报能走市场吗？》（2010年）

58.《"流言"≠"谣言"——公共危机事件中的"流言"传播》（2010年）

59.《地方通稿滥用分析及其改善之策》（2010年）

60.《纵横联合，传统媒体共谋生存之道》（2010年）

61.《从"3Q之争"反思国内互联网秩序的构建》（2010年）

62.《2010年重大传媒事件》（2010年）

63.《媒体善用策略传播才能化险为夷》（2010年）

64.《中国应对话语权争夺务必从两方面出击——打造华文传播品牌寻求外文传播优势》（2010年）

65.《舆论监督与社会政治生态环境》（2010年）

66.《借鉴外媒经验改进会议报道》（2010年）

67.《有问有辩，但不强加于人——传媒论文答辩之我见》（2011年）

68.《报业办网：要"穿新鞋走新路"》（2011年）

69.《维护民众尊严，媒体先要自尊》（2011年）

70.《"夸大的恐惧"，谁之过》（2011年）

71.《谁在审判？谁能审判？——对"舆论审判"之说的深思考》（2011年）

72.《"利益"制度设计不可或缺》（2011年）

73.《"悬疑"问题能否监督》（2011年）

74.《"钥匙串"传播形态及媒体社会责任》（2011年）

75.《2011年十大传媒事件》（2011年）

76.《对新闻价值与新闻价值观的思考——结合〈世界新闻报〉窃听事件进行分析》（2011年）

77.《转型离转制还有多远》（2011年）

78.《新闻专业毕业生：除了媒体还可去哪儿？——媒体低就业率背景下的新闻教育出路》（2011年）

79.《责任媒体书写百姓情怀——评中国新闻奖一等奖〈信义兄弟接力送薪〉报纸系列报道》（2011年）

80.《用诚信维护新闻真实》（2011年）

81.《浅析全媒体策略》（2011年）

82.《南方报业：壮大党的舆论阵地的成功探索》（2011年）

83.《报纸网站转型：强化"用户"观念》（2011年）

84.《传媒企业家隐含"政治"符号》（2011年）

85.《免费阅读与"潜在效益"——纸媒新媒体免费阅读模式初探》（2011年）

86.《微博给传统媒体带来的不仅仅是挑战》（2011年）

87.《"媒治"真没有，参与可以有——论媒体在社会管理中的角色定位》（2011年）

88.《当纸媒拥抱iPad，付费梦想能否照进现实？》（2011年）

89.《重大灾害报道应传递人文关怀——以日本传媒在地震灾害中的表现为例》（2011年）

90.《浅析微博"自我净化"功能的利用和提升》（2011年）

91.《新技术推动传媒舆论愈加强大 传统媒体转型中寻求新的突破——2011年传媒态势展望》（2011年）

92.《公民、媒体与政府良性互动的新尝试》（2012年）

93.《"阳光灿烂"中的冷思考——纸媒发展前景浅析》（2012年）

94.《当传统报纸遇到ipad》（2012年）

95.《媒体要善用策略传播》（2012年）

96.《借助先进技术融合转型对接资本市场改革发展》（2012年）

97.《全媒体时代如何提升传统媒体队伍的素质——以报业为例》（2012年）

98.《2012年重大传媒事件》（2012年）

99.《"贴近"须做足"语境"表达的功夫》（2012年）

100.《"等死"与"早死"》（2012年）

101.《"内容为王"应赋予新的内涵》（2012年）

102.《"官博"为何冰火两重天》（2012年）

103.《传媒做强做大冲动呼唤体制创新》（2012年）

104.《杀鸡儆猴"杀"出更大的舆论风波》（2012年）

105.《别用僵化思维看待赢利模式》（2012年）

106.《突破体制之困,报刊产业化才能实现》(2012 年)

107.《浅析报纸的伪深度报道》(2012 年)

108.《对"全媒体记者"的几个认识误区》(2012 年)

109.《持续学习能力有多强职业生涯就能走多远》(2012 年)

110.《泛媒体时代报纸评论特征和发展趋势》(2012 年)

111.《强者愈强:纸媒品牌营销的必要性与可行性》(2012 年)

112.《资本运营是中国报业做大做强的必由之路》(2012 年)

113.《练好内功,向全媒体拓展才有张力》(2012 年)

114.《新闻专业学生如何做好媒体见习》(2012 年)

115.《转型创新,强化市场竞争力——点评 2011 年中国报业发展态势》(2012 年)

116.《可为者为之,不可为者别乱为——"停稿通知"之我见》(2013 年)

117.《"寒流"中唯创新才有出路》(2013 年)

118.《对舆论引导的再认识》(2013 年)

119.《提升纸媒品牌,应对多媒体挑战》(2013 年)

120.《信息大爆炸时代厚报还有意义吗?》(2013 年)

121.《探讨报业整合的关键问题》(2013 年)

122.《空间犹在,定位务必准确》(2013 年)

123.《职业精神与新闻道德社会公德孰重孰轻——剖析韩国 KBS 电视台直播自杀事件》(2013 年)

124.《多元经营要拓宽 主业基础应夯实》(2013 年)

125.《冷静看待纸媒数字化转型》(2013 年)

126.《早死,败在思路错位——The Daily 停刊的思考》(2013 年)

127.《转型中的传统媒体赢利模式浅析》（2013年）

128.《发挥优势坚持理性与专业精神——谈传统媒体网络平台如何实施涉腐的舆论监督》（2013年）

129.《新闻媒体的"天职"与"不可为"——评析从汶川到芦山5年间中国媒体的地震报道》（2013年）

130.《双重身份的媒体人道德不能"双重"》（2013年）

131.《小心求证，谨慎"转发"》（2013年）

132.《报业由浅入深的转制及困局突破》（2013年）

133.《探讨"消亡"，别搞混三个不同内涵》（2013年）

134.《主流媒体需构建新型话语体系》（2013年）

135.《2013年重大传媒事件》（2013年）

136.《媒体应成为化解危机的助推器——浅析媒体在突发事件中的社会责任》（2013年）

137.《从就业数据看社会对泛媒体人才的需求》（2013年）

138.《地市机关报的近忧与远虑》（2014年）

139.《微信勃兴，微博依然不可被替代——从"马航飞机失联事件"传播说开去》（2014年）

140.《财政扶持主流媒体之我见》（2014年）

141.《生态环境变化后仍需挖掘报媒潜力》（2014年）

142.《影响媒体核心价值观三因素》（2014年）

143.《两次转型中的机关报地位探索》（2014年）

144.《转型不是转行——报业多元化经营之我见》（2014年）

145.《触网的动力：需求和兴趣》（2014年）

146.《泛就业背景下的传媒专业学生素养提升》（2014年）

147.《用户需求才是硬道理》（2014年）

148.《平台、渠道优势是内容优势的保障》（2014年）

149.《办好社区报需要厘清的关键问题》（2014年）

150.《容易模仿的都不是成功的——纸媒转型之我见》（2014年）

151.《纸媒：以何种态度坚守？》（2014年）

152.《道德缺失会滑向法律的陷阱——浅谈新闻敲诈》（2014年）

153.《以互联网思维的商业模式做强媒体》（2014年）

154.《适应传媒格局变化的与时俱进——浅谈新闻网站记者证发放》（2014年）

155.《生存压力越大越要做新闻精品》（2014年）

156.《延伸纸媒价值，产业反哺报业》（2014年）

157.《2014年重大传媒事件》（2014年）

158.《传播影响力迁徙后的主流媒体应对》（2015年）

159.《报业转型难以延续"二次销售"模式》（2015年）

160.《多产业发展不可忘记"以媒为本"》（2015年）

161.《转型期报业运营六种模式探析》（2015年）

162.《城市之大，可有报刊亭立锥之地》（2015年）

163.《从〈智取威虎山〉看"用户体验为王"》（2015年）

164.《传媒教育不应伴随传统媒体衰退》（2015年）

165.《媒体人才流动趋势加剧现象之浅见》（2015年）

166.《以新思维拓宽对外传播平台》（2015年）

167.《究竟谁将谁抛弃——对传媒毕业生入职传统媒体大幅下降的思考》（2015年）

168.《追求媒体品牌延伸大目标的大手笔——浅谈日经收购金融

时报》（2015年）

169.《内容传播力如何转变成赢利模式》（2015年）

170.《从传播渠道创新到传播效果提升——浅析大数据时代的对外传播》（2015年）

171.《媒体智库：因时而动，也应顺势而为》（2015年）

172.《2015年重大传媒事件》（2015年）

173.《破解"小而微"困局，大传播中大有作为》（2015年）

174.《报业经济衰退后的重振路径分析》（2016年）

175.《市场化媒体依然要靠市场力量去突围》（2016年）

176.《"中央厨房"产品不是终极产品》（2016年）

177.《新环境下媒体人的价值与理想追求》（2016年）

178.《微信运营给纸媒转型带来的启示》（2016年）

179.《统一价值观和发展观，做强做大传媒》（2016年）

180.《纸媒传播：是内容困境，还是平台困境？》（2016年）

181.《纸媒继续生存的理由和空间》（2016年）

182.《取舍有道，构建健康语言新生态》（2016年）

183.《新闻叙事的"变"与"不变"》（2016年）

184.《媒体新格局下的人才供需矛盾》（2016年）

185.《政府扶持应与媒体创新内在动力相结合》（2016年）

186.《内容型报人应毫不动摇专注内容生产》（2016年）

187.《报业转型中的商业模式困境与突围》（2016年）

188.《传播力三个层次撕裂后的媒体内容价值分析》（2016年）

189.《转型新媒体传播平台后的内容变现分析》（2016年）

190.《避免新闻"一日游"，确保对外传播的持续性》（2016年）

191.《2016年重大传媒事件》（2016年）

192.《都市报也得挺一挺》（2016年）

193.《传媒教育不应成为传统媒体困境的下半场》（2016年）

194.《转型非转"形"》（2016年）

195.《警钟须长鸣丧钟别乱敲》（2016年）

196.《手机新闻客户端如何吸引受众》（2016年）

197.《不同时代下的媒体"内容"差异及变现途径》（2017年）

198.《打造主流网红，强化新型媒体平台影响力》（2017年）

199.《转型不能以削弱内容为代价》（2017年）

200.《新闻领域非虚构写作：新闻文体创新发展探索》（2017年）

201.《"智媒型文化传媒集团"建设的背景与路径》（2017年）

202.《2017年重大传媒事件》（2017年）

203.《新旧年交接之际看传媒业现状与走势》（2018年）

204.《2017—2018：众媒时代到智媒时代的大跨越》（2018年）

205.《人工智能在媒体中的应用分析》（2018年）

206.《由"优质新闻变现"到"优质内容变现"——谈媒体商业模式转变》（2018年）

207.《媒体转型与传播力及经营的嬗变》（2018年）

208.《"窄平台宽传播"模式下的写作及表达》（2018年）

209.《"泛内容"变现：延伸媒体产业链的新路径》（2018年）

210.《从有限到有效：政务传播影响力重构的作用因素分析》（2018年）

211.《改革开放以来名记者培养模式的变迁——以南方报业传媒集团"两栖"名记的培养方案为例》（2018年）

212.《不只解决现实问题，还要培养前瞻眼光——新闻学教育如

何处理好实践与理论提升的关系》（2018年）

213.《见证工作重点大转折时期党报新闻改革》（2018年）

214.《传媒生态、媒体业态、媒介形态：中国传媒业改革四十年》（2018年）

215.《自媒体在突发公共事件传播中的社会责任》（2018年）

216.《新媒体话语表达的规范与创新》（2018年）

217.《社会化传播人才的发展现状及素养提升研究》（2018年）

218.《观念变迁对传媒产业发展的影响》（2018年）

219.《中国传媒业改革四十年与未来发展趋势》（2018年）

220.《短视频热下新闻生产形态的冷思考》（2018年）

221.《洞察中国国情，坚守与时俱进新闻观》（2018年）

222.《2018年重大传媒事件》（2019年）

223.《回顾转型：新观念新技术并举 布局未来：向广度和深度发展》（2019年）

224.《"四力"的内涵及融合转型中的应用》（2019年）

225.《智媒时代新闻人基本功的传承与提升》（2019年）

226.《做大做强新型媒体的重要策略和必然选择》（2019年）

227.《浅析新媒体环境下的"慢新闻"》（2019年）

228.《商业平台：构建全媒体传播体系不可忽略的力量》（2019年）

229.《全媒体环境下构建全新传播体系的对策思考》（2019年）

230.《"全视化"并非全弃文图化》（2019年）

231.《AI+"泛内容"：智能媒体的内容创意再定义传媒产业赢利模式》（2019年）

232.《信息超载背景下新闻简报的创新与重构》（2019年）

第十一章

晚年生活

一、卸任感言

2006年11月15日,一早就有人守候在我办公室旁。待我开门进入办公室,色彩斑斓的鲜花就送到了我手上,这是21世纪经济报道专程从云南订购回来的。作为退位老人,我第一次享受到了这种异乎寻常的温馨。

当天上午,南方报业召开干部大会,时任省委常委、组织部长胡泽君代表省委讲话,她宣布了省委的决定:杨兴锋任南方报业传媒集团党委书记、管理委员会主任,南方报业传媒集团公司董事长、党委书记,南方日报社社长。范以锦因为年龄关系,不再担任报社和集团的领导职务。胡泽君说,过去5年来,以范以锦为"班长"的南方报业领导班子团结和带领全体职工,坚决贯彻中央和省委的各项决策部署,围绕中心,服务大局,开拓创新,锐意进取,实现了报刊媒体的快速发展,取得较好的社会效益和经济效益。《南方日报》作为省委机关报和全国有影响的大报,始终坚持正确的舆论导向,积极反映我省改革开放和现代化建设的新成就、新经验、新举措,受到省委的充分肯定,受到社会各界的好评。她勉励南方报业继往开来,开拓创新,当好排头兵,更上一层楼。会议还同时宣布:江艺平任南方报业传媒集团管理委员会副主任、党委委员,编辑委员会副总编辑,南方日报社副总编辑。

会议开始前,胡泽君对我说:"你写了'豪华型'的信,因为是同时写给几位领导的，所以我称'豪华型'，主动要求退下来，体现了你高风亮节，顾全大局。"在会上，她再次表达了这一看法。

会议安排我讲话时，我发表了"不当'新闻官'的感觉真好"的卸任感言：

从今天开始，大家可以称呼我"老同志"了。（掌声）

老同志见面往往会关切问一声："安全着陆没有？"历经风风雨雨，今天范以锦终于安全着陆了。（掌声）

谢谢大家掌声的祝贺！此时此刻卸肩比规定时间延长了8个多月，感谢组织的信任，感谢全体南方报人长期以来对我的关爱和支持。（掌声）

我快进入60岁时，就期盼依时从集团领导岗位上退下来。集团人才济济，后继有人，一代更比一代强，杨兴锋等同志上来，会比我干得更好。报社领导岗位是光荣神圣的岗位，而在这个岗位上又会碰到陷阱，如临深渊，如履薄冰。我自1983年进入报社领导班子的23年间，从不敢松懈，尤其是担任总编辑、社长之后，进入了"一级战备"状态，把时间和精力都集中到报社的事业中。我企望进入花甲之年之后能给我留点"自己能支配自己"的空间。我依时从集团领导岗位上退下来，于公于私都有利。从今天开始，我那根绷紧的神经终于松弛下来。所以，今天我要说，不当"新闻官"的感觉真好！（掌声）

掌声就是理解，感谢各位的理解。我希望掌声是送给我的，而不是留给你们自己的。我刚才那番话是针对老同志说的，而年轻人还得有上进心，有事业心，像我年轻时那样，主动给自己加压力。事实上，我们集团许多同事已是这样做，为了事业埋头苦干，呕心沥血。辉煌与痛苦是联系在一起的，要想辉煌一些，就得痛苦一些。

我大学毕业后就进入南方日报社工作。我感到最幸运的是，我永远属于南方报人。我感到最自豪的是，我和在座的各位同事与新老一代南方报人共同培育和发展了在全国有广泛影响力的系列品牌媒体。我感到最欣慰的是，虽然我没有给下一届班子留下多少财富，但留下了思路，留下了人才，留下了发展后劲。（掌声）

刚才省委常委、组织部长胡泽君同志代表省委，省委宣传部副部长胡中梅同志代表省委宣传部，分别作了讲话。他们在讲话中对我的工作给予了高度评价，我认为这是对南方报业事业发展的高度评价，是对南方报业领导班子的充分肯定，也是对全体南方报人的鼓励和鞭策。我个人的能力和作用是有限的，南方报业今天的辉煌，是全体南方报人长期奋斗的结果，新老一代南方报人为追求新闻理想和为南方报业的改革发展付出了艰辛劳动和心血，有的甚至付出了沉重的代价。老一代南方报人，如饶彰风同志——南方日报社第一任社长，"文革"中惨遭迫害致死；新一代南方报人，如南方都市报首任总编辑关健同志积劳成疾，英年早逝。饶彰风同志、关健同志，还有曾直接领导过我、给我许多关心和帮助的老社长丁希凌同志、老总编辑陈培同志，以及那些为追求新闻理想、为南方报业改革发展付出沉重代价的同志，最值得我们尊敬和怀念。（掌声）

南方报业在改革发展过程中，发生这样那样的问题，遇到这样那样的风险，受到这样那样的挑战。在风风雨雨、坎坎坷坷中，我深深体会到患难见真情。我们班子成员精诚合作，肝胆相照；集团广大员工同舟共济，荣辱与共；我们的离退休老干部、老工人爱社如家，以特殊方式帮助集团领导班子排忧解难，共渡难关。南方报人的真情、南方报人的正气和南方报人对中国新闻事业强烈的社会责任感，是我作为第一把手直面集团一切危难的坚强后盾。这样的同事、这样的集团、这样的事业,激励着我们改革创新、勇往直前。南方报人也讲回报,但不奢求,最看重的回报是尊重他们的存在和承认他们存在的价值。今天的南方报业已得到方方面面的认可,南方报业的人才也走向全国各地,历史已经证明并将继续证明,我们对中国新闻事业的忠诚;历史已经证明并将继续证明,南方报业对中国新闻事业所做出的特殊贡献。(掌声)

在我离任之际,我感到遗憾的是,一些遗留问题仍未解决好,我对相关同志表示深深的歉意。南方报业的优良传统之一,就是传承创新。我完全有理由相信,在新的班子带领下,南方报人一定会继续解决前进中的问题,不断开拓进取,铸造南方报业新的辉煌。(掌声)

交接班之后的当天下午,我显得特别轻松。这时周浩约我出去散散步。如今他知名度极高,连续两年拿到金马奖,是第一个蝉联金马的纪录片导演。我也曾两次请他到学校给我们的学生讲课,深受学生欢迎。我本不认识他,我还在南方报业任上时因他拍了一部纪录片《厚街》,有人整了他的材料,要我们出面去处理,第一次和他面对面交谈。当时有人说,该片有问题,还要拿到香港去展演,责令我们监督他把片销毁。我们觉得该片并没有问题,那些人没有看片就轻易下结论。人家辛辛苦苦拍下来的片,这怎么可能销毁?没办法,只能说"周浩答应销毁",应付过去了。后来片子放出来之后,大家看到的是东莞出租屋内打工者的众生相,主要是日常起居,还有深沉的爱情故事,当然也有讨债、打架等片断,没有任何问题。《厚街》成了周浩的成名作。周浩先后在新华社、南方周末、21世纪经济报道任摄影记者,继而在21世纪影像工作室工作。

我与周浩来到了珠江公园,边散步边聊天,已好久没有享受过这样无牵无挂的清净生活了。

二、产房门口迎接小孙孙

盼呀盼，总想盼个小孙孙。熬到 2014 年 3 月 24 日，小孙女终于降临了。也真巧，咱范家子孙三代都是 3 月出生的。过生日，可以高高兴兴一起过了！

60 岁从报社领导岗位退下来之后，我就没有加班的习惯和必要了。然而，小孙孙出生是家中大事，久未加班的我从上半夜待到下半夜，直至旭日东升。太太、亲家母都守候在产房门口，当清晨的第一缕阳光照进医院大厅时，护士将宝宝推出产房，我们急不可耐地拥了上去。"是女孩！"护士明白此时家人最关注的是什么。我和太太都很高兴，我们没有重男轻女的旧观念，儿子、儿媳都是独生的，还真想他们头胎是个女孩。而且，当今年代似乎女孩更金贵、更好养。宝宝眯着小眼看着我们，没有丝毫的陌生感。4 天后，她就会对着我们笑了。我抱起了她，四只眼能目不转睛对视一阵子，好有眼缘啊！也许是血缘的关系吧，时年 94 岁的母亲和 97 岁的岳母抱着她时她异常安静，也会与之深情对视。从不写诗的岳母突发诗意：

颖辉倩男欢喜迎来一姑娘，
眼睛发亮眉毛长。
鼻子恰到好处，

小嘴红弯哭欲张。
可爱脸儿真娇俏，
闭月羞花蝶蜂藏。
眼睛闪闪嘴儿张，
伸伸懒腰带哭腔。
惹得父母手脚乱，
姑娘闭着眼儿安静入梦乡。

  作为爷爷，我好想给小孙孙起个好名字。孙女未出生前，我与儿子、儿媳商量，名字尽量不要与别人相同，想到一个名字就在百度点击一下，一番拿捏之后起了个"范舸航"的名字。孙女出生后，我们又觉得这名字太男性化、太霸气了，还是含蓄、内敛一点好，于是改了一个字，叫"范舸晗"。还好，百度上未找到同名。

  有了孙女，生活变得不平静了，但也更加充实了。早上起来，当爷爷的我总是先看看宝宝起来没有，晚上睡觉前只要她还在厅里，我总是要去和她说上几句悄悄话，不管她能否听懂，能把她逗笑就行。我出去办事，回家一进门，首要的任务就是看一看孙女，并从别人手里接过来抱一抱、亲一亲，让她享受一下"爱我，就得抱抱我；爱我，就得亲亲我"的幸福。

三、活得快乐就好

　　2016 年我跨入古稀之年，首次以"老寿星"的名义参加了广东省老新闻记者协会举行的重阳老人节的敬老活动。有人想让我谈谈发"余热"的感受，我却一笑而过。在如履薄冰的新闻圈子里忙了大半辈子，陪伴我进入古稀之年的就是一个字——"乐"。

　　我和我的老同事们，常会写文章回忆记者的生涯，讲的大多与新闻工作相关。在叙述"激情燃烧的岁月"的片段时，或挖掘鲜为人知的采编故事细节，或展现难以忘怀的重大事件的真情实景，或披露特殊社会生态下的反常行为；既有经验的总结，也有惨痛教训的回顾。无论哪种题材，都足以唤起人们深沉的思考。这些篇章留存下来，对我们长期从事新闻工作的老人是一种精神上的慰藉，对年轻的新闻后辈是可供借鉴的良方，对关注新闻事业的研究者来说是弥足珍贵的史料。

　　历史的记忆往往有一种沉重感，我们不能长期停留在沉重的记忆中，毕竟我们已经老了，快乐地休闲养生才是我们最需要的。正因为如此，还得写点老有所乐的文章。我在广东省老新闻记者协会担任会长，为庆贺创会 30 周年，我们协会出了一部反映老记者生涯的作品集，讨论出版方案时有人建议改变一下方式。以往已出过几部作品集，基本上都与新闻业务有关，这次将出作品集的重点放在老有所乐上，得到老记们的热烈响应。征集过程中，投稿很踊跃，题材很广泛。有的乐把晚年当"玩年",走读地球村,玩出精彩;有的临池书道,益智养生;有的欣赏书法、诗词,怡然自得;有的临老学开车,乐给孙女当司机;有的进入舞伴圈,欢快健身。当然,还有不甘落伍的时代潮流的追随者,他们与年轻人为伍,上网发微博、玩微信,让头脑活跃起来。从这部作品集中,可以看出"安度晚年,活出精彩"的良辰美景和欢乐之声跃然纸上。

与老同事见面时总要聊聊身体状况如何,彼此问个好。我感受到,只有快乐生活,心情舒畅,才称得上好。过去,经常听到退休老人要发"余热"、继续做奉献的说法。待我老了才明白,这有点"高尚大"了。当然,有"余热"可发、有奉献可为,也是好事,但不能当作义不容辞的职责。如果发"余热"时能充满快乐感,应当鼓励;如果勉为其难,就该收手了。而且,即便快乐地发"余热",也得适度而为。不该干预的事别干预,后辈们已忙得体累心累,加上不同时期形成的代沟,干预过多,彼此"裂缝"就大了。少说三道四,老人快乐,后辈心情也舒畅,让他们集中精力做好工作,比我们亲自去发"余热"更为实际。

局内人与局外人、在位与不在位情况大不相同,要分清什么是主业,什么是业余生活。还在位时,我从事的报业采编和管理工作是主业,上街买买菜、回家做做饭,逛逛公园、散散步,那叫业余生活。退休之后,买菜、做饭、逛公园、散步是主业,我在学校上上课,那叫业余生活。我常见到前任社长李孟昱,他关切地对我说:"还在学校,别太累!"我说:"你每天上午都在写字、作画,不累吗?我讲课是动口,你写字、作画是动手,动口与动手哪个累?"我和李孟昱所沉迷的都是业余爱好。适可而止,累不着!

我到暨南大学新闻与传播学院发点"余热",不是奔着"院长"

的权力去的。到了学校并不太看重职务权力,加上我老了,不能太迷恋这种东西。我定下原则:"干力所能及的事,干有实际意义的事,干有实效的事。"适度的"余热"释放,不觉得累。

其实,无论哪位老人都可以找到精神寄托。曾在南方日报人事处任过科长的金绮兰退休了才学摄影,现在其作品已有一定的影响力,不仅国内拿奖,国际上也多次得奖。南方报业传媒集团原社委黄峨,每天在南方书画院以辅导书法爱好者为乐,不管是老人还是年轻人甚至少年儿童,他都满腔热情免费辅导。他原来只是写字,这几年又学画,已达到一定的水平。看到本单位业余书画爱好者的队伍不断发展壮大,他就高兴。大家都亲切地叫他黄老师,当老师的最大幸福莫过于桃李满天下。

即便关在家里,也能找到欢畅的天地。工作单位是个大家庭,大家庭自有大家庭氛围的欢声笑语。退休了,老了,待在小家当宅男,"大门不出,二门不迈"亦是人生境界,何况家中也有"女神"。自从我的小孙女出生之后,我才大彻大悟:不问他事,悠闲地含饴弄孙,才是老人应享的天伦之乐,也才是更为有趣的正业。从孙女出生之日起,只要一天不见,我生活中就好像缺了什么,而时时刻刻在她身边也百看不厌。于是,我压缩了在校的时间,压缩了社会活动。那些都是业余生活,如果不是出于朋友、熟人的情感和机构的盛情难却,还真想完全摆脱那种生活,全身心回到家里操正业。围着小孙女转,抱一抱、亲一亲,那心情真是太舒畅了!

编后

传媒圈评价：好人好报

范以锦口述史结束之际，编著者想起传媒圈内人对他的评价："好人好报。"这里特附上国家行政学院副教授、高级经济师郭全中的网文，作为本书的结束语。

好人好报

郭全中

致敬老兵系列第一篇之所以选择范以锦先生，当然是因为他分量重、当得起，也是因为范老是我的恩师，自己更为熟悉。

他为人谦和，没有架子，被集团员工亲切地称为老范。

"不当'新闻官'的感觉真好！"

2006年11月15日，老范在离任会上发表"离任感言"，开篇就说，"不当'新闻官'的感觉真好！""历经风风雨雨，今天范以锦终于安全着陆了。"

其实知道南方报业发展情况的人，都知道老范"安全着陆"并不容易。他在任上，比较稳妥地处理了一系列风风雨雨事件。

公道自在人心、民心！

在有的报刊艰难前行的时候，老范在给员工们讲话时，开宗明义地说："我当老总，我在乎报刊的安全，不改革发展会死亡，不考虑国情，盲目往前冲也有危险。"

老范的硬气，在于他的严于律己，更在于他的良知。因一些事的牵扯，有关人曾调查他住院的报销问题，但老范住医院规定的自费部分都是自己付费的。这种严于律己也使得他在一些事件中虽然风雨飘摇但最后也成功着陆。而在对待年轻人"犯错误"这件事情上，他和前社长李孟昱用了极大的勇气和智慧，尽了最大的可能保护充满理想和才华"却常常失之莽撞"的年轻人。

这就是老范的良知和底线，在他认为的原则上，他"没有仕途上的考虑"，他只要实事求是，甚至不惜和一些人据理力争。为什么能够据理力争，老范认为是良知使然："在这一点上，我是有良知的。""我知道有一种人，上面要求处理谁就处理谁，要求怎么处理就怎么处理，甚至还要加一码，这我做不到。该向上反映的要反映，让上头更全面了解情况。事实上我的不少意见得到了采纳。"

离开了新闻官的位置，意味着不再经历种种煎熬，这种感觉对于执意纯粹的老范来说，无疑是最为惬意之事。

"历史已经证明并将继续证明，我们对中国新闻事业的忠诚；历史已经证明并将继续证明，南方报业对中国新闻事业所做出的特殊贡献。"老范在离任发言中，以上述的话作为结束语，这是对南方报业最为客观的评价，也是对自己任期最为平实的评价。下面就让我们细数一下老范对南方报业和中国新闻业的贡献。

第一，在国内报业中最先引入战略和品牌概念。战略和品牌概念是产业化、企业化概念，老范很早就有产业化和企业化意识，在国内传媒业首设战略运营部，负责集团的战略以及品牌管理，并亲自兼任战略运营部主任。

第二，提出并实施"龙生龙，凤生凤"的多品牌发展战略，及早占领潜力巨大的新细分市场。随着我国经济社会的发展，各类细分市场不断涌现，通过多品牌发展战略，《南方周末》培育了《南方人物周刊》等，《南方都市报》培育了《新京报》等。基于优势媒体的新生者快速成长，很快成为细分市场的领先者。

第三，提出并大力实施跨区域发展战略。我国传媒业市场是典型的"条块分割"管理体制，这种区域化分割的管理体制使得优秀的传媒难以充分发挥自身的优势，南方报业审时度势，与光明日报报业集团合办了《新京报》。

第四，创建了报系结构。老范提出了"报系理念"，先后创建了"21世纪报系""南方周末报系""南方都市报报系"三大报系。报系结构的本质是一种类事业部制的集团化组织结构，并基于报系结构建立起了"分之有序、控之有度"的母子公司管理体制，这种适合市场化竞争的母子公司管理体制领先于全国传媒业。

第五，积极推进体制变革。一方面积极推进与外部战略投资者合作；另一方面，强化集团管理职能建设，提升集团整体管控能力。当年南方报业采取分散式的财务管理模式，导致集团财务管理混乱，老范排除一切困难，坚决推行财务集中化管理，有效提升了集团的财务管理能力。从这件事情上可以看出，只要老范认准的事情，他一定会全力推进到底。

第六，"谁提的事情谁去干"。南方报业放手让年轻人去市场上闯荡和尝试，这颇得"互联网思维"的精髓，只要集团认为提出的方案合理，就由提出方案者组织队伍去落实，这不仅为南方报业贡献了新的业务增长点，也贡献了一大批出类拔萃的优秀人才。

在老范的治下，南方报业高速发展，迎来了南方报业发展史上的最高峰，也成就了中国传媒业发展史上的一段传奇。而位于广州大道中289号的南方报业更是成为传媒人心中的圣殿和精神家园。

"和而不同"企业文化造就了中国传媒业"黄埔军校"

老范提倡"和而不同",尊重新闻人,也形成了独特而和谐的企业文化,在这种企业文化中,创新创业蔚然成风。

老范大力提拔和任用有想法的年轻人。当《21世纪经济报道》创办时,其几位负责人30岁左右,在论资排辈风气很浓的中国传媒业,如果没有极大的魄力,是很难下决心让年轻人去创办新事业的。而任用年轻人却是南方报业一贯的做法,让年轻人在创业、探索和试错中快速成长,而老范则做好后勤保障工作,当出现问题时,老范耐心地跟有关方面沟通,以达到最好的结果。当年,旗下一家媒体在"经受痛苦",情况看起来比较严重。老范在和有关方面积极沟通的同时,在食堂遇到这个媒体的负责人,送过一句话来:"我们共同总结经验教训,弄清哪些是对的,哪些是错的。"这令后者感到非常温暖,认为这是老范的过人之处。

创业本身就是一个不断试错的过程,唯有包容、宽容才能促进创新创业,老范对工作中的"错误"有他的看法。他认为他"历来原则性是把握得比较好的","但对人的处理要非常慎重。年轻同志有一个从不那么成熟到成熟的过程,要允许犯错误。还有些事情,现在看起来不正确,将来也许是正确的,这一点必须有一个基本的估计。比如,《南方周末》曾经讲中国要警惕恐怖主义,当时挨过批评做过检讨,但没过多久,中国也和全世界一样开始反恐怖主义了"。

正是这样,南方报业的年轻人脱颖而出,成为中国传媒业的中坚力量。如果要论南方报业对中国传媒业的最大贡献,毫无疑问是南方报业为中国传媒业贡献了大量的优秀传媒人才,不愧为中国传媒业"黄埔军校"的称号。

风浪中保持平静心态

老范的淡泊名利也来自于其良好的家风。祖父母去世后,父亲因生计所迫到马来亚以割橡胶为生,因支持反殖民主义斗争和罢工等,被英殖民主义者投进监牢,1949年全家被驱逐出境。新中国成立后,早年读过两年书的父亲当了村农会主席,后来又当了乡长和副镇长。但是,因为海外华侨和坐过牢的身份,再怎么表现也入不了党。到了1958年,又面临浮夸风,父亲觉得实在跟不上革命形势,他以"文化低"为由请辞,然后"以干代工",做了一辈子汽车司机。后来的一切证明,这是一个非常聪明的选择。

老范从父亲处得到了最好的言传身教。老范的自我评价是,"经得起风浪。心态很平静"。"我有苦恼,但不是很烦恼。我会有很痛苦的时候,比如集团发生的这个事件那个事件,但是我不会痛心。不会到不能吃不能睡的时候,我是很主动地把心放宽。有压力,但没有恐惧的感觉。因为我不怕,我觉得我光明正大,没有做亏心事,我也会很坦然。"

转战教育战线依然卓越

老范卸任后到暨南大学新闻与传播学院担任院长,迄今已经10年有余。10余年间,暨南大学新闻与传播学院办得有声有色,在学界的地位不断前移,老范也赢得了自己职业生涯的第二春。老范的秘诀是什么吗？其实和他在南方报业一样，淡泊名利而不揽权，校内的事交给其他院领导处理，而自己充分发挥业界的人脉优势，为暨南大学新闻与传播学院拓展了大量的外部资源。

我问他，这10余年教育生涯他最得意的是什么？老范说，一是与业界大量合建的实习基地，尤其是与南方报业合作的暨大"准记者南方训练营"，为暨大学生提供了宝贵的实习机会；二是支持副手举办了十期的"传媒领袖讲习班"，学生们通过与传媒领袖面对面的沟通和交流，大大开阔了视野。

永远充满好奇心的"老顽童"

老范永远用"空杯"、开放的心态对于新生事物，当新生事物出现时，总是第一时间去尝试。

在微博出现不久的2009年底，范以锦开始上微博，"我玩微博之后，开始研究微博"，并以微博的形式撰写了《新闻"微"茶座》一书。当微信出现之后，他又开始玩微信。而让我们年轻人汗颜的是，老范的微博、微信比很多年轻人都玩得溜，这无疑与其年轻的心态有关系。怪不得已经年逾古稀的老范看起来也就50来岁。

与很多媒体的一把手卸任之后，在传媒江湖上就销声匿迹不同的是，老范虽然已经卸任10年有余，但是在传媒业界，走到哪里依然是人气爆棚，这就是人格的魅力。

一切功业都属于过去，老范现在最大的幸福就是含饴弄孙。所有的朋友都告诉我，他们对老范的评价就是：好人好报！

（原载2017年2月13日微信公众号"全中看传媒"）